Michelle

Fondation Copernic

Les banques centrales, apprentis sorciers à la manœuvre

Jean-Marie Harribey
Esther Jeffers
Pierre Khalfa
Dominique Plihon
Nicolas Thirion

Éditions du Croquant
20 route d'Héricy
77870 VULAINES-SUR-SEINE
www.editions-croquant.org
Diffusion-distribution : CEDIF-POLLEN

ISBN : 9782365123853
Dépôt légal : février 2023.

Introduction

À la recherche d'une politique monétaire en faveur d'une transformation sociale et écologique

Les événements qui se sont succédé depuis la crise financière de 2007-2008 jusqu'à la crise sanitaire causée par la pandémie du Covid-19 et la guerre déclenchée par la Russie contre l'Ukraine ont remis en plein jour le rôle des banques centrales dans la régulation monétaire et financière du capitalisme mondial et leurs actions en termes de politique monétaire. Il est vrai que les occasions n'ont pas manqué pour scruter l'évolution de cette dernière, ou plutôt les évolutions car les revirements décidés par les banquiers centraux ont été nombreux. En effet, depuis plusieurs décennies maintenant, le monde est confronté à de multiples difficultés qui soulignent les contradictions d'un système voué à ne produire que pour le profit, au détriment de toute considération sociale et de toute préoccupation écologique, même quand l'urgence climatique est avérée ou que la crise énergétique se profile.

Cette situation est d'autant plus préoccupante que les politiques menées par tous les gouvernements ralliés à la stratégie néolibérale ont consisté à compenser les difficultés de l'accumulation du capital par l'austérité salariale, la réduction des droits sociaux, les largesses fiscales accordées aux plus riches et la fuite en avant financière par la promotion de la finance dite « verte ». Et cela sans pouvoir donner un nouveau coup de fouet à la croissance de la productivité du travail qui avoisine à peu près partout dans le monde le degré zéro ou presque. Les politiques monétaires menées par les banques centrales portent également une lourde responsabilité dans la pérennisation de cette situation. Y a-t-il là quelque chose d'inéluctable ou est-ce un parti pris politique et idéologique conforme aux intérêts et aux privilèges des classes dominantes ? Répondre à cette question suppose d'interroger l'histoire contemporaine et quelques éléments théoriques susceptibles d'éclairer celle-ci.

Nous présenterons en premier lieu ce qu'est une banque centrale, quels sont ses fonctions et les instruments dont elle dispose pour mener une politique monétaire (chapitre 1). Nous montrerons ensuite les tournants successifs que les banques centrales ont opérés au cours des dernières décennies, souvent sans obtenir les effets attendus (chapitre 2), au point qu'elles n'ont pas vu venir les multiples crises qui ont émaillé le dernier demi-siècle (chapitre 3). Et, prises une nouvelle fois à contretemps, elles sont en train de prendre encore un virage à 180° en retournant à l'orthodoxie (chapitre 4). Nous terminerons en proposant des principes de politique monétaire alternatifs dans la perspective de favoriser une véritable transition sociale et écologique (chapitre 5).

Chapitre 1

Qu'est-ce qu'une banque centrale ?

Au cœur de toutes les dégradations socio-économiques, écologiques et financières, que le monde a connues et connaît, quelle place ont tenu les banques centrales, et surtout les quatre les plus importantes : la Réserve fédérale étasunienne, la Banque centrale européenne, la Banque d'Angleterre et la Banque du Japon ? Comment ont-elles cherché à épouser ou à contrebalancer les soubresauts de l'activité économique ? Pour répondre à ces questions, voyons quelles sont les fonctions d'une banque centrale en théorie et leur mise en œuvre pratique.

1. Les fonctions théoriques d'une banque centrale

Dans les économies capitalistes modernes, les systèmes bancaires sont organisés selon un principe hiérarchique : les banques ordinaires (aussi appelées commerciales), pratiquement toutes privées depuis l'avènement du néolibéralisme, sont chapeautées par une banque dite centrale. Pourquoi une banque centrale est-elle nécessaire et quels sont ses rôles et ses attributions ?

1) Pourquoi une banque centrale ?

La nécessité d'une banque centrale est liée à la manière dont la monnaie est injectée dans l'économie. La monnaie est composée pour plus des 9/10 par les dépôts inscrits sur les comptes des ménages et des entreprises ouverts dans les banques commerciales. Ces dépôts proviennent du versement des salaires et de tous les types de revenus. Eux-mêmes ont été générés par l'activité productive initiée par les crédits qui ont financé les investissements.

En accordant des crédits nouveaux aux agents économiques (ménages et entreprises), les banques injectent donc de la monnaie nouvelle dans le circuit économique. Cette monnaie est écrite dans les comptes des clients, elle est dite pour cela *scripturale*. Les agents économiques effectuent leurs opérations et ils adressent à leur banque l'ordre de payer leurs fournisseurs (au moyen de chèques, de cartes bancaires ou d'ordres de virement). Chaque banque se trouve alors en possession d'ordres provenant d'autres banques, donc libellés dans une monnaie émise par une autre banque. Pour solder leurs dettes et créances réciproques, les banques ont besoin d'une monnaie qui provienne d'un « ailleurs », une monnaie qui soit acceptée par toute la société et donc légitimée par la puissance publique. Cet ailleurs est la banque centrale dont la première fonction est d'émettre la monnaie que l'on appelle *centrale,* dans laquelle les échanges entre banques ordinaires seront soldés.

Pour que ce mécanisme puisse agir, chaque banque a un compte ouvert à la banque centrale sur lequel elle est tenue de déposer des *réserves obligatoires* calculées en fonction des dépôts qu'elle a reçus : la compensation entre les banques s'effectue par le biais de ces comptes (voir plus loin).

Le rôle de la banque centrale ne s'arrête pas là. Elle met à disposition des banques la quantité de billets dont celles-ci ont besoin pour faire face aux demandes de leurs clients, qui utilisent une petite partie de leurs dépôts (moins de 10 %) sous forme de monnaie-papier. La banque centrale a le monopole de l'émission de celle-ci, appelée *monnaie fiduciaire*.

La banque centrale gère aussi les réserves de change (de devises étrangères) du pays. Selon le régime de change en vigueur (régime fixe, où le cours d'une devise est fixé par rapport à une autre monnaie ou un panier de monnaies ; ou régime flottant, où le cours de la monnaie fluctue), elle peut agir pour faire varier le taux de change de la monnaie nationale par rapport aux autres.

Au total, la banque centrale se situe au sommet du système bancaire parce qu'elle est à la fois la banque des banques, celle de la nation et celle de l'État (voir l'encadré « Le bilan de la banque centrale »).

Deux types de monnaie circulent donc : les billets émis par la banque centrale (monnaie dite fiduciaire) et la monnaie scripturale émise surtout par les banques, mais aussi par la banque centrale à l'occasion du refinancement des banques. On appelle *monnaie centrale*, ou encore *base monétaire*, l'ensemble des billets et la monnaie scripturale déposée sur les comptes des banques à la banque centrale : *grosso modo*, elle correspond aux engagements de la banque centrale qui figurent à son passif (hormis les fonds propres).

Le bilan de la banque centrale	
Actif	**Passif**
Or et devises	Fonds propres
Créances sur le Trésor public	Dépôts sur le compte du Trésor public
Créances sur les banques (refinancement)	Dépôts sur les comptes courants des banques (réserves obligatoires)

Se pose alors une nouvelle question : quelles sont les relations entre la banque centrale et les banques qui vont définir les contours de la politique monétaire ?

2) La régulation monétaire

La quantité de monnaie qui circule dans l'économie (la *masse monétaire*) correspond au solde net des crédits (création de monnaie) et des remboursements (monnaie retirée et donc « détruite »). Cette masse monétaire a été introduite à la demande des agents économiques, qui l'expriment en apportant aux banques des garanties (hypothèques, titres de créances), on dit aussi des « collatéraux ». À leur tour, les banques auront besoin d'être refinancées : elles pourront le faire sur le marché interbancaire auprès de leurs consœurs (ce marché est réservé, en France, aux seuls organismes de crédit, à la Banque de France, au Trésor public et à la Caisse des dépôts et consignations) ou, si cela ne suffit pas, directement auprès de la banque centrale. Cette dernière a donc comme mission supplémentaire de rendre plus ou moins abondante la monnaie centrale. Elle dispose pour cela de plusieurs moyens : modifier le taux de réserves obligatoires, ou intervenir directement sur le marché interbancaire (on parle d'*open market* : le marché interbancaire est dit « ouvert » quand la banque centrale y intervient), ou encore faire varier le taux d'intérêt directeur qu'elle exige des banques pour les refinancer. Les procédures les plus utilisées par les banques centrales sont d'une part celle des *prises en pension*, c'est-à-dire l'achat ou la vente de titres à court terme négociables publics ou privés, avec l'engagement des deux parties de réaliser l'opération en sens inverse à une échéance fixée à l'avance ; d'autre part, les banques centrales font varier leurs taux d'intérêt directeurs (voir plus loin dans la seconde section de ce chapitre).

À ce stade-là, deux interprétations du rôle de la banque centrale s'opposent au sujet de la création monétaire. La première donne à la banque centrale un rôle moteur dans la création monétaire : les banques n'accordent des crédits à leurs clients que si elles disposent au préalable de monnaie centrale en quantité suffisante pour faire face aux demandes de conversion en billets et accomplir la compensation quotidienne. Il y aurait donc un *multiplicateur de crédit* entre la base monétaire et la masse monétaire. Selon cette conception, la création monétaire est dite *exogène*, car contrôlée par la banque centrale. Cette interprétation se rencontre plutôt chez les théoriciens monétaristes (comme Milton Friedman et l'École de Chicago ; voir l'encadré « Le monétarisme »)

La seconde interprétation inverse ce schéma : ce sont les banques qui ont l'initiative d'accorder les crédits car elles font le pari que les anticipations des agents économiques se réaliseront[1], par exemple les investissements des entreprises créeront de la richesse qui parviendra à s'écouler sur le marché, en sachant qu'elles-mêmes trouveront toujours à se refinancer en monnaie centrale. La création monétaire est considérée comme *endogène*, déterminée par les besoins de financement de l'économie, et non par les décisions des autorités monétaires. Ici on a affaire à une opération inverse dite de *diviseur du crédit*, parce que la monnaie centrale nécessaire aux banques n'est qu'une fraction de la masse monétaire (voir ci-après l'encadré « Multiplicateur monétaire *versus* diviseur monétaire »).

Multiplicateur monétaire versus diviseur monétaire

L'opposition théorique entre monnaie exogène et monnaie endogène qui vise à rendre compte de la création de monnaie, soit à l'initiative de la banque centrale qui est suivie d'une politique de crédit des banques, soit à la demande de l'économie, peut être illustrée par deux présentations simples.

Dans le premier cas, la masse monétaire en circulation M est un multiple de la base monétaire B, telle que $M = mB$. Dans le second, la base monétaire est une fraction de la masse monétaire telle que $B = dM$. On peut schématiquement résumer cela en disant que le diviseur est l'inverse du multiplicateur : $d = 1/m$, mais l'important est de savoir dans quel sens se fait la détermination. C'est l'un des enjeux de la politique monétaire : la banque

1. On laisse de côté pour l'instant le fait de savoir si cet octroi de crédits est fait à bon escient, pour des activités utiles ou non.

centrale dirige-t-elle directement l'injection de monnaie dans l'économie (on est ici dans une situation de monnaie dite exogène), ou bien contrôle-t-elle l'action des banques ordinaires, c'est-à-dire la politique de crédit de ces dernières (on est alors dans une situation de monnaie dite endogène aux besoins de l'économie) ?

Historiquement, le premier principe fut défendu dans le cadre du régime monétaire de l'étalon-or du XIXe siècle par les partisans du *currency principle*, selon lequel l'émission monétaire devait être strictement rattachée au stock d'or détenu par la Banque d'Angleterre, rendant la monnaie exogène. Combattue à l'époque par les partisans du *banking principle*, cette conception est aujourd'hui abandonnée par les économistes qui défendent l'idée que la monnaie est créée pour répondre à la demande de l'économie. Seuls les monétaristes conservent encore une partie de la première conception dans l'idée que la monnaie ne joue pas de rôle sur l'activité productive : elle serait « neutre » (voir l'encadré « Le monétarisme »).

Dans un cas comme dans l'autre, bien que selon un schéma inverse, la banque centrale « boucle » la liquidité monétaire dans le circuit économique (voir l'encadré « La monnaie dans le circuit de l'économie »). Concrètement, cela veut dire que les banques peuvent se tourner vers la banque centrale pour obtenir de la liquidité. En période de crise notamment, la banque centrale fournit une sorte d'assurance contre un risque d'ébranlement systémique afin d'assurer la stabilité financière : on dit qu'elle est le prêteur en dernier ressort, mais, on va le voir, l'enjeu est de savoir si c'est à l'adresse de tous les besoins collectifs ou seulement pour répondre à la demande de la finance privée. Parce que, et cela est important pour la suite, la monnaie n'est pas neutre au regard de l'activité économique productive et de l'emploi, elle peut jouer un rôle important pour les faciliter ou au contraire les freiner.

La monnaie dans le circuit de l'économie

Au niveau de l'ensemble de l'économie (sur le plan macroéconomique), l'accumulation du capital exige obligatoirement une création monétaire qui anticipe le surplus qui sera produit. La raison est que le profit monétaire ne serait pas possible par la seule récupération par les entreprises des avances qu'elles ont faites, soit en salaires, soit en achats entre elles de biens et services de production.

En dernier ressort, c'est la banque centrale qui boucle le circuit économique, c'est-à-dire qui assure la cohérence du système de paiements, soit en refinançant les banques ordinaires qui ont nécessairement besoin d'une monnaie dite centrale au-dessus de leurs propres activités, soit en convertissant des devises (lorsque la banque centrale achète ou vend des devises, il y a création ou destruction de monnaie interne), soit en contrepartie de l'intervention de l'État. Ce dernier point (avances à l'État) est particulièrement important dans une situation de récession, d'où le message keynésien pour que l'État pallie la carence du secteur privé.

Le raisonnement peut être généralisé à l'ensemble d'une économie qui comporte un pan de l'activité qui est non marchand. Le bouclage de l'ensemble de l'économie nécessite une avance monétaire, et celle nécessaire à l'activité non marchande est d'autant plus cruciale que la dépression s'est installée ou bien que s'impose une transition écologique nécessitant des investissements dont le critère n'est pas la rentabilité. Au total, tout développement économique requiert davantage de monnaie. Il est donc absolument crucial que la création monétaire soit au service d'objectifs de production utiles, répondant aux besoins sociaux et respectant les critères environnementaux. Or, dans la période récente, la création monétaire n'a pas été dirigée dans cette direction, mais surtout vers l'irrigation de la spéculation financière.

3) L'évolution des banques centrales

L'histoire des banques centrales confirme que ce n'est que dans la période néolibérale qu'elles ont été confinées dans le rôle de prêteur en dernier ressort pour les seules banques ordinaires et dans celui de gardien du temple contre l'inflation. À l'origine, elles avaient eu un rôle important en tant que banque de l'État, que ce soit lors de crises ou de guerres, ou lorsqu'il fallait impulser le développement économique. On peut distinguer quatre configurations monétaires correspondant à quatre phases du capitalisme[2] :

- la stabilité monétaire fondée sur le régime de l'étalon-or via la livre sterling pendant l'époque victorienne ;

2. Selon l'analyse d'Esther Jeffers et Dominique Plihon, « Les banques centrales : ce que l'histoire nous apprend », *Cahiers d'Économie politique,* « Théorie et évolution des banques centrales », 2022, 2(81), p. 303-327. Voir aussi Robert Boyer et Olivier Boylaud, « La dette publique : marqueur des transformations de l'économie française », *Revue d'économie financière,* « La soutenabilité des dettes publiques », 2022, 2 (146), p. 101-117.

- l'économie d'endettement administrée pendant la période keynésienne d'après-guerre ;
- le triomphe des marchés organisé par le monétarisme ;
- l'ébranlement du monétarisme consécutif à la crise financière de 2007.

Si les trois premières phases semblent correspondre à trois types d'énergie dominants successifs, le charbon, le pétrole, le pétrole et le gaz, la nécessité d'une bifurcation vers les énergies non carbonées ne rend-elle pas encore plus nécessaire le rejet du monétarisme ? La première et la troisième de ces phases présentent des similitudes : la priorité est donnée aux mécanismes de marché en vue de la stabilité monétaire, mais elle a été à la source de déséquilibres et de crises. La deuxième et la quatrième phase ont aussi des points communs avec un renforcement de la régulation publique avec la préoccupation du sens de l'activité économique. Aujourd'hui, la bifurcation écologique souhaitée confirme cette relation entre la politique économique et la régulation monétaire. On verra plus loin en quoi consisterait le verdissement de la politique monétaire.

Le monétarisme

Le monétarisme est une doctrine économique parmi les plus libérales qui s'est imposée dans le dernier quart du XXe siècle sous la houlette du chef de file de l'École de Chicago, l'économiste américain Milton Friedman. Elle a inspiré les politiques néolibérales, notamment les politiques de lutte contre l'inflation à partir de la décision de la FED en 1979 d'augmenter fortement les taux d'intérêt. Elle a remis au goût du jour la très ancienne théorie quantitative de la monnaie stipulant qu'une hausse de la masse monétaire ne pouvait qu'entraîner une hausse des prix. C'est une autre manière de dire que la monnaie n'a aucune influence sur l'activité économique réelle (la monnaie est dite « neutre ») et que l'économie ne peut jamais être en crise sauf si l'on entrave le « bon fonctionnement du marché ».

Les monétaristes pensent que toute politique économique est vouée à l'échec, car elle est déjouée par les anticipations des individus rationnels. Si le gouvernement décide d'augmenter certaines prestations sociales, les individus peuvent se croire plus riches et augmenter leurs dépenses s'ils n'anticipent pas qu'un jour prochain, le gouvernement devra augmenter les impôts. Les entreprises vont embaucher pour répondre à cette demande et augmenter les salaires. Les salariés vont croire à une hausse de leur pouvoir d'achat, dépenser et les entreprises embaucher de nouveau, etc. Mais l'inflation va annuler la hausse des salaires, les entreprises vont réduire l'emploi et le chômage va retrouver son niveau d'antan.

Aux yeux de ces théoriciens, la monnaie est un actif comme un autre, non spécifique. Il s'ensuit une substitution facile entre actifs réels et actifs financiers car les agents agissent de telle sorte que les rendements marginaux de tous leurs actifs s'égalisent. L'ajustement entre l'offre de monnaie (considérée comme exogène, donc relevant de l'autorité monétaire) et la demande (dépendant du revenu considéré comme permanent et du rendement des actifs) se fait par la variation du taux d'intérêt. D'où l'importance prise dans la phase néolibérale par le maniement du taux d'intérêt comme instrument privilégié de la politique monétaire.

La conclusion politique tirée par les monétaristes est qu'il faut étroitement surveiller l'émission de monnaie pour qu'elle ne débouche pas sur l'inflation, étant entendu qu'elle ne peut avoir que cette conséquence et aucune sur la production. La monnaie est neutre par définition, mais il faut, de plus, neutraliser la politique monétaire car elle est inefficace. Voilà un paradoxe : la monnaie est neutre, mais il faut la surveiller comme le lait sur le feu. Derrière le paradoxe, la vacuité de la théorie n'est pas loin. En effet, par hypothèse, les néoclassiques considèrent que le marché assure l'équilibre de plein emploi et que la production tourne à son maximum, et ils affirment ensuite qu'une politique économique est inefficace pour rétablir le plein emploi. Forcément, puisqu'on y est déjà par hypothèse.

Loin de remettre en cause les dogmes monétaristes, la crise qui a éclaté en 2007 et qui a été suivie par l'envolée des dettes publiques a convaincu les dirigeants européens qu'il fallait ajouter à l'orthodoxie monétaire un volet budgétaire pour verrouiller davantage les politiques publiques, coupables à leurs yeux d'engendrer trop de dépenses.

2. Les instruments de la régulation monétaire par les banques centrales

La gamme des instruments monétaires dont disposent les banques centrales est très étendue. Mais comme leur utilisation a varié selon les époques et les difficultés de l'économie, certains de ces instruments sont réellement mis en action aujourd'hui. Le but est toujours le même : rendre le crédit plus facile ou au contraire le contraindre.

1) Les réserves obligatoires

C'est un élément permanent de l'outillage d'une banque centrale : les banques ordinaires sont tenues de déposer sur leur compte à la banque centrale une proportion des dépôts qu'elles ont recueillis auprès de leurs clients. En relevant ou en abaissant cette proportion, la banque centrale contraint plus ou moins fortement les banques. Ce dépôt obligatoire des banques est en temps normal rémunéré par un taux positif. Si les banques détiennent des réserves plus importantes que les montants des réserves obligatoires, ce sont des réserves excédentaires. Si la banque centrale veut stimuler l'économie et encourager les banques à accorder des crédits, elle va chercher à décourager ces réserves excédentaires en leur appliquant des taux plus pénalisants.

2) Le refinancement bancaire

Parce que les banques ont toujours besoin de se procurer de la monnaie centrale, soit pour fournir des billets et des pièces à leurs clients, soit pour solder les engagements qu'elles ont contractés entre elles, la banque centrale joue, à leur égard, le rôle de « prêteur en dernier ressort ». Elle crédite leur compte en échange de titres (de collatéraux) mis ainsi « en pension ». À l'échéance des titres, les banques devront mettre fin à la « mise en pension » et rembourser la banque centrale.

Cette opération de refinancement n'est en temps normal pas gratuite : la banque centrale fait payer aux banques un taux d'intérêt dit des opérations principales de refinancement, qui est le principal de ses taux directeurs. En faisant varier le taux de refinancement, elle restreint ou facilite *a posteriori* la politique de crédit des banques.

En outre, la responsabilité de prêteur en dernier ressort signifie que la banque centrale fournit des liquidités pour éviter que le risque d'effondrement du système bancaire ne se matérialise. C'est la garantie ultime de ce système.

La banque centrale dispose aussi de deux autres taux directeurs : le taux de facilité de dépôt payé par la banque centrale pour rémunérer les réserves des banques et le taux de la facilité de prêt marginal (appelé taux d'escompte aux États-Unis) que les banques paient pour emprunter de la monnaie à la banque centrale à très court terme.

Depuis le retournement néolibéral des années 1980, le maniement des taux d'intérêt est le principal outil de régulation utilisé par les banques centrales et d'autres outils anciennement en vigueur ont été plus ou moins abandonnés.

3) Des outils délaissés

De la fin de la Seconde Guerre mondiale à 1987, la Banque de France pratiquait l'« encadrement du crédit », consistant à fixer le montant des crédits que les banques seraient autorisées à accorder.

C'était également l'époque où était organisé un « circuit du Trésor ». Il était destiné à assurer la reconstruction de l'économie et sa modernisation. Ce circuit était composé de la Caisse des dépôts et consignations, des Caisses d'épargne, de la Poste et du Trésor public. Les banques étaient tenues de souscrire aux bons du Trésor à hauteur d'une proportion – appelée « plancher » – des dépôts qu'elles avaient elles-mêmes recueillis. En 1960, le circuit du Trésor collectait 53,2 % des liquidités et distribuait 44,8 % des crédits à l'économie ; à partir de l'épargne populaire ainsi centralisée, l'État pouvait financer l'économie à prix très réduit, pendant que la Banque de France garantissait les dettes publiques, et même procurait des avances à l'État à taux zéro. Ce circuit a été démantelé lors de l'émergence de la phase néolibérale[3].

Par ailleurs, les banques centrales ont aussi abandonné, sauf en cas de crise majeure du marché des changes, la régulation du taux de change désormais fixé sur le marché. Le système monétaire international mis en place lors de la Conférence de Bretton Woods en 1944 réunissant les Alliés a été sacrifié quand les États-Unis ont décidé de suspendre la convertibilité du dollar en or en 1971. Rapidement, l'échange de devises internationales entre elles s'est effectué selon un régime de changes flottants ou flexibles, en fonction de l'offre et de la demande de chaque monnaie.

4) De nouveaux outils de politiques monétaires non conventionnelles ?

Après la crise financière qui a éclaté en 2007 aux États-Unis et s'est rapidement étendue au monde entier, les banques centrales ont toutes été obligées progressivement de mettre en œuvre de nouveaux

3. Voir Benjamin Lemoine, *L'ordre de la dette, Enquête sur les infortunes de l'État et la prospérité du marché*, Paris, La Découverte, 2016.

outils inhabituels, contraires aux dogmes martelés incessamment auparavant, et dits pour cela « non conventionnels ».

Trois instruments de politique non conventionnelles de ce type vont être mis en œuvre.

- L'assouplissement du crédit (*qualitative easing*) où, en période de crise, la banque centrale est moins regardante sur la qualité des titres. Aussi, elle rachète ou accepte des créances douteuses comme garantie pour faciliter le crédit. Comme il s'agit principalement d'une modification de la composition des actifs, cette politique monétaire n'a pas obligatoirement pour effet de faire gonfler la taille du bilan de la banque centrale. Mais, souvent, l'assouplissement du crédit peut se traduire, *in fine*, non seulement par un changement de la qualité des titres détenus mais également par une augmentation de l'actif et, par conséquent, du passif, aboutissant de fait à une deuxième politique non conventionnelle, l'assouplissement quantitatif.

- L'assouplissement quantitatif (*quantitative easing*) où la banque centrale achète massivement des titres sur les marchés financiers et augmente fortement la taille de son bilan.

- Le troisième instrument est le guidage par anticipation des taux à court terme (*forward guidance*), quand la banque centrale annonce à l'avance l'orientation future de la politique monétaire. En juillet 2013, la Banque centrale européenne a déclaré que les taux d'intérêt

« devaient rester bas pendant une longue période ». Ainsi, elle instituait une attitude appelée à devenir pérenne, consistant à informer à l'avance les opérateurs financiers de ses intentions de politique monétaire. Par exemple, la lutte contre l'inflation étant encore à l'époque l'objectif unique, elle indiquait, par le biais de son annonce sur des taux d'intérêt durablement bas, le chemin pour développer l'investissement et la croissance économique. Las ! Ce ne fut pas couronné de beaucoup de succès, sinon pour « rassurer les marchés financiers ». Mais faut-il aujourd'hui les rassurer ou les contraindre... ?

L'irruption de la pandémie du Covid-19 et la menace de plus en plus pressante du réchauffement climatique ont amené une première réflexion au sein même des banques centrales sur la nécessité d'accompagner le *quantitative easing* d'une forme de *qualitative easing* dès lors que le refinancement bancaire et toutes les opérations de prêts aux banques ne pouvaient plus se réaliser sans prendre en compte la qualité des titres admis au refinancement : la « neutralité de marché »[4] est de moins en moins tenable.

La résurgence de l'inflation par la hausse des coûts de production (notamment à cause du renché-

4. En langage financier, la neutralité de marché se rapporte à une situation dans laquelle un placement n'est pas exposé à un risque de variation du marché. En ce qui concerne les banques centrales, elles pratiquent une neutralité de marché lorsque leur politique d'achats ou de reventes de titres n'entraîne pas d'effet sur le fonctionnement des marchés financiers. L'inconvénient est alors de fermer les yeux sur la qualité des titres admis au titre du refinancement bancaire.

rissement des matières premières et de l'énergie, et pas seulement à cause de la guerre déclenchée par la Russie en Ukraine) conduit aujourd'hui les banques centrales à mettre en œuvre un *quantitative tightening* (resserrement quantitatif) exactement inverse du *quantitative easing*, de façon à réduire leur bilan en cessant d'acheter des titres aux banques et au contraire les revendre lorsque les titres arrivent à échéance. Il s'ensuit une hausse des taux d'intérêt. Le risque devient alors celui d'un effondrement des cours obligataires. Vers une crise financière ? Les banques centrales de Charybde en Scylla ?

Chapitre 2

Les banques centrales : de retournements en tête-à-queue

Les banques centrales sont inscrites dans un cadre institutionnel propre à chaque État ou union d'États comme l'Union économique et monétaire (UEM) de la zone euro. Dès lors, il peut exister des différences d'orientation ou des décalages dans le temps d'application de principes voisins. Néanmoins, après la crise financière déclenchée en 2007, après celle de l'euro au début des années 2010 et après l'irruption de la pandémie du Covid-19, les politiques monétaires de chacune des grandes banques centrales ont peu à peu convergé pour suspendre temporairement et partiellement les normes monétaristes qui s'étaient imposées au cours des deux décennies précédentes. Leur nouveau retournement pour contrer la résurgence de l'inflation en 2022 est comparable. Ces retournements successifs faisaient pourtant suite à une période de relative stabilité monétaire régie par la domination quasi sans partage des États-Unis ayant imposé leur monnaie sur la scène internationale.

1. L'ordre monétaire international dans le capitalisme d'après-guerre

La période d'après-guerre est caractérisée par une rapide reconstruction des pays belligérants (Europe et Japon), facilitée par une intervention étatique majeure, construite sur la base d'un colonialisme encore persistant. Mais, au bout d'un quart de siècle, baptisé « les Trente Glorieuses », ce dynamisme s'effondre en même temps que les rapports de force économiques et géopolitiques sont bouleversés.

1) De Bretton Woods à la crise du capitalisme

Après la Seconde Guerre mondiale, précisément à partir des accords de Bretton Woods de 1944, et cela jusqu'en 1971 date de la suspension de ces accords par les États-Unis, les pays capitalistes développés étaient convenus de règles assez strictes :

- les monnaies sont convertibles entre elles dans un rapport fixe (on parle de changes fixes) ; seul le dollar est convertible en or avec l'engagement des États-Unis de convertir toute demande en provenance d'une banque centrale non américaine ;

- le mouvement des capitaux peut être contrôlé par les États qui s'engagent à corriger tout déséquilibre durable de leur balance des transactions courantes ;

- le Fonds monétaire international (FMI) est créé pour aider les pays à rééquilibrer leur balance extérieure ; la Banque internationale pour la reconstruction et le développement (BIRD) et plusieurs autres institutions aussi, qui donneront naissance quelques années plus tard à la Banque mondiale.

Ce système se dérègle à la fin des années 1960 et au début des années 1970, lorsque le capitalisme s'approche d'une crise de suraccumulation et de détérioration du taux de profit, et que, en particulier, les États-Unis se trouvent confrontés à l'incapacité à garantir la conversion en or des dollars circulant en quantité de plus en plus abondante dans le monde. Ce qui les conduit le 15 août 1971 à déclarer le dollar désormais inconvertible en or.

La fin de la convertibilité des monnaies en or (par le biais du dollar) et, conjointement, le passage au flottement des monnaies sur le marché des changes vont inciter les dirigeants du monde capitaliste à exiger que l'émission de monnaie soit strictement encadrée. Et, comme au même moment commence à s'imposer l'idéologie de l'« efficience »[1] des marchés, ils vont s'efforcer de justifier le retrait de la responsabilité de l'émission de monnaie par les États pour la confier à des banques centrales déclarées indépendantes. Cette règle, appliquée avec souplesse aux États-Unis et au Royaume-Uni, va l'être aveuglément en Europe en créant la Banque centrale européenne sur le modèle de la Bundesbank en Allemagne.

2) Déjà, une crise du système productif et de l'encadrement monétaire

La croissance économique des pays capitalistes industrialisés s'essouffle à la fin des années 1960 et au début des années 1970, essentiellement à cause de l'épuisement des gains de productivité du travail et d'une baisse du taux de profit. Le capitalisme renoue avec une suraccumulation du capital au regard des espoirs de rentabilité. C'est le moment où les poli-

1. Cette expression tirée de l'anglais *efficiency* signifie l'aptitude des marchés à produire des situations prévisibles et optimales.

tiques de relance keynésiennes se révèlent moins efficaces dans un contexte où la circulation des capitaux de plus en plus importante et l'ouverture des frontières aux échanges commerciaux leur font obstacle[2].

La riposte des classes dominantes fut d'organiser alors la dégradation de la condition salariale, à la fois sur le plan de la baisse des salaires relativement à ce qu'il restait de croissance de la productivité, et sur le plan des droits sociaux pendant que le chômage s'envolait. Mais cette dégradation de la part de la valeur ajoutée dévolue au travail n'était pas en mesure d'assurer une dynamique forte du capitalisme, d'autant que se profilait une nouvelle contradiction de plus en plus menaçante : une crise écologique aux multiples dimensions.

On peut mettre cette dégradation des conditions de production en relation avec la transformation du système monétaire et financier international dès le début de la décennie 1970, après le démantèlement des accords de Bretton Woods :

- liberté de circuler accordée aux capitaux ;
- passage aux changes flottants achevé avec les accords de la Jamaïque en 1976 qui statuent

2. Voir Michel Husson, *le capitalisme en 10 leçons, Petit cours illustré d'économie hétérodoxe*, Dessins de Charb, Paris, La Découverte, Zones, 2012 ; Attac, *Par ici la sortie, Cette crise qui n'en finit pas,* Paris, Les Liens qui libèrent, 2017 ; Jean-Marie Harribey, *Le trou noir, du capitalisme, Pour ne pas y être aspiré, réhabiliter le travail, instituer les communs et socialiser la monnaie*, Lormont, Le Bord de l'eau, 2020 ; *En finir avec le capitalovirus, L'alternative est possible*, Paris, Dunod, 2021.

aussi sur l'abandon définitif de la référence à l'or ;

- décloisonnement et dérégulation des marchés ;
- développement du marché des dettes publiques.

Les conditions étaient créées pour que s'opère le tournant néolibéral dès lors que le monde capitaliste développé était confronté à une stagflation persistante : marasme économique et inflation supérieure à 10 %. Cette situation est alors imputée à des politiques de relance de la demande considérées comme néfastes au retour à l'équilibre de marché. Le moment ne va pas tarder où la lutte contre l'inflation devienne l'objectif principal, confiée à des banques centrales que l'on rend indépendantes de tout contrôle par les États jugés dispendieux.

2. Le tournant néolibéral accompli

Le tournant néolibéral est inauguré par la brusque augmentation des taux d'intérêt de la Réserve fédérale (FED) des États-Unis en 1979. Il va modeler le paysage monétaire pour presque trois décennies, marqué par une orthodoxie draconienne, avant d'être confronté à des impasses engendrées justement par cette rigueur frappant autant le travail que la politique monétaire et la politique budgétaire.

1) L'orthodoxie à n'importe quel prix

Les premiers pays à en pâtir furent les pays pauvres et émergents pour qui hausse des taux d'intérêt et les plans d'ajustement structurel représentèrent des obstacles insurmontables à toute tentative de développement autonome. Mais les pays développés connurent de leur côté des politiques d'austérité salariale et budgétaire sévères. En même temps que leurs tissus productifs étaient fragilisés par la libre circulation des capitaux, le décloisonnement des marchés et les délocalisations correspondantes.

À cet égard, la situation de l'Union européenne, et plus encore celle de la zone euro, sont éloquentes. L'Union européenne s'est inscrite dans la dynamique de la mondialisation, une dynamique rythmée par :

- l'Acte unique européen (1986) qui crée au 1er janvier 1987 un marché unique des biens, des services et des capitaux,
- la libre circulation des capitaux qui est effective le 1er juillet 1990 – celle des personnes théoriquement affirmée le 1er janvier 1993 – e
- par le Traité de Maastricht (1992),
- par le Traité d'Amsterdam et le Pacte de stabilité et de croissance (1997).

En même temps, l'Union européenne passait progressivement de six pays membres à vingt-sept.

Encadrée par des traités extrêmement contraignants interdisant à la BCE de prêter directement aux États et obligeant de fait ceux-ci à emprunter sur les marchés financiers, la politique monétaire ne fut pas au service de la collectivité mais à celui de la garantie des actifs financiers. En effet, pendant cette phase, les États emprunteurs sur les marchés étaient placés dans un engrenage d'endettement dangereux à cause de taux d'intérêt qui dépassaient fréquemment les taux de croissance économique, créant ainsi un effet boule de neige de l'endettement. Le dogme de la « valeur pour l'actionnaire » l'emportait sur toute autre considération.

2) Après la crise de 2007 : des politiques monétaires non conventionnelles

Un premier retournement de la politique monétaire des banques centrales devait faire face au désastre issu de la crise financière survenue à la suite de l'effondrement du marché immobilier aux États-Unis. Celui-ci avait ruiné les ménages qui avaient emprunté pour acheter leur logement ou qui l'avaient hypothéqué pour payer des études à leurs enfants. Cette crise s'est propagée à l'ensemble de l'économie et au reste du monde en raison de la titrisation et des techniques et montages financiers consistant à prendre davantage de risques et à les transférer en dehors des banques pour augmenter profits et rentabilité. En revendant les créances sous forme de titres, le risque n'a pas disparu, il s'est répandu. À partir de l'été 2008, c'est l'ensemble du système bancaire qui est touché.

Dès la mi-2007, la FED s'est engagée dans un assouplissement du crédit en achetant d'importantes sommes de bons du Trésor et de titres adossés à des créances hypothécaires à risque (MBS), des CDO (*collateralized debt obligation*), et des papiers commerciaux adossés à des actifs[3]. Plus tard, le mécanisme de *Securities Markets Programme*[4] a consisté, pour la BCE, à acquérir sur les marchés secondaires des titres de dette publique pendant la crise des dettes souveraines et à accepter des titres en collatéraux qu'elle n'aurait pas acceptés d'ordinaire, car pas assez sûrs. Cette politique d'assouplissement du crédit s'est traduite non seulement par un changement de la qualité des titres détenus mais a abouti de fait à un assouplissement quantitatif. L'augmentation du risque et celle de la taille du bilan de la banque centrale vont alors ensemble. Ainsi a débuté le *quantitative easing*.

Le second retournement de la politique monétaire a été l'abandon du principe de séparation des politiques de stabilité monétaire et financière, dont la crise de 2007 avait montré les effets nocifs[5]. En effet, monnaie et finance sont étroitement liées et entretiennent des relations complexes et ambivalentes. Car la stabilité monétaire peut conduire à l'instabilité financière, comme l'ont montré les économistes post-keynésiens, avec le paradoxe de tranquillité de Hyman Minsky, selon lequel c'est pendant les périodes de stabilité monétaire, propices aux prises de risques, que se préparent les crises finan-

3. La BCE a également accepté des titres de qualité plus qu'incertaine, des actifs « toxiques », ce qui a amené la revue *The Economist* du 14 juin 2008 à la qualifier en tant que PDR, de poubelle en dernier ressort (*litterbin of last resort*), au lieu de prêteur en dernier ressort (*Lender of last resort*).

4. Le *Securities Markets Programme* (SMP) a été lancé en mai 2010.

5. Jean-Paul, Betbèze, Jézabel Couppey-Soubeyran et Dominique Plihon, « Banques centrales et stabilité financière », *Rapport pour le Conseil d'Analyse Économique*, n° 96, 2011.

cières[6]. C'est un fait, la crise financière de 2007 a été précédée par une période de « tranquillité », à faible inflation et forte croissance, qui a été qualifiée de « Grande modération ».

S'ouvrit alors une nouvelle période au cours de laquelle la FED commença à abreuver les circuits financiers en liquidités pour éviter un « crédit crunch » aux banques fragilisées. Le nom d'assouplissement monétaire quantitatif fut attribué à cette nouvelle politique monétaire (*quantitative easing*). La banque centrale intervient alors de manière « non conventionnelle » pour acheter en grande quantité des titres de dettes publique et privée aux banques et autres institutions financières. Ces achats entraînent une baisse des taux d'intérêt, d'abord sur le marché interbancaire, et par contrecoup sur les prêts à l'économie. Parallèlement, la banque centrale diminue ses taux directeurs, notamment celui pratiqué pour le refinancement des banques. C'est la Banque du Japon qui fut la première à pratiquer une telle politique, tellement le pays, depuis le début des années 2000, ne parvenait pas à sortir son économie d'une langueur durable, sinon d'une quasi-récession, mais en vain.

Moins rigide que son homologue européenne, la FED étasunienne, réagit promptement pour enrayer la récession post-2007-2008. Dès ce moment, elle amorce une baisse drastique de son principal taux jusqu'à zéro de 2009 à 2016. Elle le remonte jusqu'à 2,25 % de 2016 à 2019, pour le ramener de nouveau à zéro quand la pandémie est arrivée.

6. Hyman Minsky, *Stabilizing an instable economy*, Yale University Press, New Haven, 1986.

Lorsque la crise financière de 2007-2008 a gagné l'Europe, aucun pare-feu n'existait. Au contraire, la libre circulation des capitaux rendait possible la propagation de l'incendie partout, et en premier lieu dans les pays où la situation était soit déjà minée par l'incapacité de l'État à assurer les rentrées fiscales nécessaires (Grèce), soit était handicapée par un modèle de croissance immobilière et financière totalement insoutenable (Espagne, Irlande, Islande...).

Mais les menaces sur la cohésion de la zone euro étaient tellement fortes, au point de mettre en danger l'existence de l'euro, que la BCE a été obligée d'enfreindre ses dogmes et d'affirmer par la parole de son président Mario Draghi que tout serait mis en œuvre pour sauver la monnaie européenne : c'est le fameux « *Whatever it takes* » prononcé le 26 juillet 2012. À partir de ce moment, la BCE s'est engagée plus résolument dans cette politique non conventionnelle, en rachetant d'énormes quantités de titres de dette publique et aussi privée à une rythme de 60 à 80 milliards d'euros par mois à partir de 2015. Ses taux directeurs ont été abaissés jusqu'à zéro, à l'instar de ceux des autres grandes banques centrales. Elle a même prêté aux banques à des taux négatifs, notamment dans le cadre des opérations de prêts à long terme (TLTRO : *Targeted longer-term refinancing operations*).

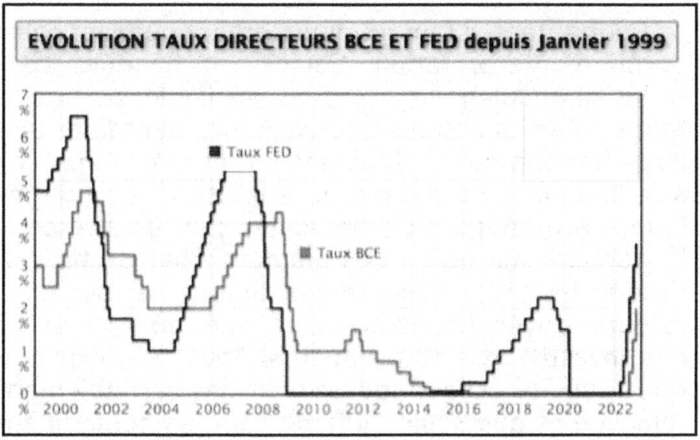

https://france-inflation.com/taux-directeurs-bce-fed.php

Lorsque la crise sanitaire a obligé les gouvernements européens à engager des dépenses très importantes et imprévues, le « quoi qu'il en coûte » du président Macron (12 mars 2020) sur le plan budgétaire faisait écho au *« Whatever it takes »* de Draghi sur le plan monétaire. Les dépenses publiques retrouvaient ainsi une légitimité que le néolibéralisme leur avait enlevée. Mais la nouveauté était que, d'une certaine manière, l'interdiction faite à la BCE de prêter aux États était indirectement contournée. En effet, la BCE rachetant aux banques les titres publics détenus par celles-ci, cela équivalait grandement à un financement des dépenses publiques par le biais d'une émission de monnaie centrale. L'entorse à la règle était telle que l'on pouvait parler de monétisation des dépenses publiques, ou plus simplement de financement de celles-ci par création de monnaie centrale.

Pour autant, il faut immédiatement nuancer cette dernière interprétation. Certes, les banques centrales abondaient les banques en liquidités monétaires. Mais, d'une part, les banques gardaient une large fraction de ces liquidités en réserves déposées à la banque centrale, qui ne grossissaient donc pas la masse monétaire en circulation ; et, d'autre part, la fraction utilisée par les banques était destinée à irriguer les activités purement financières des opérateurs privés beaucoup plus que pour financer des investissements productifs. Tout cela explique que l'activité économique n'était pas véritablement relancée et que seule l'inflation sur les actifs financiers connaissait une accélération, tandis que celle sur les biens et services ne parvenait pas atteindre la cible de 2 % par an que s'était donnée par exemple la BCE. De même, la descente des taux d'intérêt en dessous de zéro ne stimulait pas l'économie car celle-ci entrait dans ce que Keynes appelait une « trappe à liquidités », c'est-à-dire une situation où la préférence pour la liquidité devient supérieure à la demande de monnaie pour transactions.

La conséquence la plus visible de cette politique monétaire non conventionnelle était un gonflement du bilan des banques centrales.

Par exemple, le bilan de la FED est passé de 800 milliards de dollars en 2007 à près de 9 000 milliards en 2022 (une multiplication par 11 en 15 ans), celui de la Banque du Japon de 100 000 milliards de yens à 800 000 milliards de 2006 à 2021, et celui de la BCE de 1 100 milliards d'euros en 2007 à 9 000 milliards en 2022 (une multiplication par 8 pour ces deux dernières banques centrales).

Ce mouvement de grossissement des bilans des banques centrales ne s'est pas réalisé de façon linéaire. Cette évolution a connu trois phases : de 2007 à 2014, la croissance annuelle moyenne fut de 8,5 % ; de 2015 à 2019, la croissance des bilans fut de 16 % en moyenne par an ; avec la pandémie, elle fit un nouveau bond en avant. Par exemple, les programmes de rachats de titres par la BCE se sont multipliés pendant cette phase :

- De 2010 à 2012, le *Securities Market Programme* : 217 milliards d'euros ;

- Programmes de prêts à long terme (*Targeted Longer-Term Refinancing Operations*, TLTRO I en 2014, TLTRO II en 2016 et TLTRO III en 2019) jusqu'en juin 2022 à un taux inférieur de 0,5 point de pourcentage au taux de facilité de dépôt de la BCE ;

- *Public Sector Purchase Programme* (PSPP), débuté en 2015, à raison de 60 à 80 milliards d'achats par mois jusqu'en 2018 (total de 2 600 milliards) ;

- *Pandemic Emergency Purchase Programme* (PEPP) pour lutter contre la crise due à la pandémie de 1850 milliards jusqu'en mars 2022.

Pendant ce temps, les banques ordinaires, voyant leurs marges bénéficiaires s'éroder avec les bas taux d'intérêt, ont davantage orienté leurs activités vers celles plus rentables sur les marchés, profitant de leur moindre régulation, accentuant la volatilité de ceux-ci, d'autant plus que les nouvelles techniques rendent les opérations plus faciles[7].

Deux évolutions récentes de la BCE apparaissent en rupture avec l'orthodoxie. Avant la crise sanitaire, les achats de titres publics étaient proportionnels à la part de capital des États dans la BCE, ce qui faisait que les « grands pays » étaient favorisés. La BCE a décidé de rompre avec cette règle et d'acheter en priorité les titres publics des pays les plus en difficultés, ce qui a permis notamment à l'Italie de pouvoir continuer à emprunter à des taux très bas sur les marchés financiers.

De plus, au mois de juillet 2021 ont été rendues publiques les conclusions de la « revue stratégique » que sa présidente Christine Lagarde avait décidé de lancer. La stratégie de politique monétaire qui y est explicitée ne constitue certes pas une révolution doctrinale mais marque des évolutions notables. Jusqu'alors, dans l'achat de ses titres, la BCE appliquait le principe de la « neutralité de marché ». Or, les entreprises qui se financent par l'émission d'obligations (en général les plus grandes) étaient, de fait, favorisées quand la BCE rachetait leurs titres. La BCE en achetant, au nom d'une prétendue neutralité de marché, des titres des grandes entreprises polluantes leur permettait donc de se financer à moindre coût. La BCE vient d'annoncer que, dorénavant, « elle ajustera le dispositif gouvernant la répartition des achats de titres de manière à tenir compte de critères liés au

7. Esther Jeffers et Sarah Goldman, « Environnement de taux d'intérêt bas et FinTech : quels impacts sur l'intermédiation dans la zone euro ? », *Revue d'économie financière*, 2021, 3 (143), p. 269-285.

changement climatique ». Ce nouveau dispositif va cependant mettre un temps considérable à se mettre en place – il est annoncé pour 2024 –, probablement pour laisser aux entreprises polluantes le temps de se retourner. Agir pour le climat peut attendre...[8].

8. Jézabel Couppey-Soubeyran, « La Banque centrale européenne mène une “révision” stratégique sans audace », *Le Monde*, 20 juillet 2021 ; Natacha Valla, « La BCE abandonne l'archaïsme monétaire », *Le Monde*, 20 juillet 2021.

Chapitre 3

Retour à l'orthodoxie ?

On l'a vu, la politique des banques centrales, qui ont déversé une masse énorme de liquidités sur les marchés financiers, a permis de masquer en partie les contradictions du capitalisme financiarisé et, concernant l'Europe, les déficiences congénitales de la zone euro. Le retour d'une forte inflation allait changer la donne.

1. Le réveil de l'inflation

Après une année 2022 pendant laquelle l'inflation avait atteint dans la zone euro un rythme annuel de plus 10 % jusqu'en octobre, une accalmie a commencé à apparaître : fin décembre 2022, le taux d'inflation en rythme annuel était de 9,2 %, après deux mois de baisse consécutive. Mais ce chiffre, une moyenne, a peu de sens au vu des différentiels de taux entre les pays de l'Union : de plus de 20 % en Lettonie à 5,6 % en Espagne et 6,7 % en France, en passant par 9,6 % en Allemagne. De plus, il faut remarquer que cette baisse est due essentiellement à une moindre augmentation des prix de l'énergie ce qui n'est pas le cas pour le secteur de l'alimentation, alcool et tabac. Aux États-Unis, l'inflation est retombée à 6,5 % sur l'année 2022. Cette forte hétérogénéité des taux d'inflation, qui se retrouve d'ailleurs aussi au niveau mondial, est caractéristique des impasses de la construction européenne.

Du bon usage de l'inflation

La théorie économique dominante a fait de l'inflation le mal absolu. Pourtant, s'il faut évidemment la maîtriser, une inflation modérée a des vertus économiques indéniables. Tout d'abord, elle permet de réduire les dettes. À taux d'intérêt nominal constant, le taux d'intérêt réel (défalqué de l'inflation) est d'autant plus faible que l'inflation est forte. L'effort de remboursement est donc moindre… à condition que les revenus des emprunteurs soient indexés. Plus globalement, l'inflation est défavorable aux créanciers. C'est pourquoi ceux-ci sont partisans des politiques monétaristes centrées sur la lutte contre l'inflation. Concernant la dette publique française, une note du Haut Conseil des finances publiques[1] indique que l'effet « mécanique » de l'inflation sur le ratio dette/PIB est une baisse de 1,4 %, d'autres éléments, comme par exemple les mesures mises en œuvre par le gouvernement pour soutenir le pouvoir d'achat jouant en sens inverse. D'un point de vue plus général, cette note indique que « À moyen terme, l'impact d'une inflation plus forte sur le ratio de dette publique sera positif ou négatif selon que les taux d'intérêt augmentent plus ou moins que l'inflation, via l'ajustement de la politique monétaire et l'évolution des primes de risque ». De plus, l'inflation, toutes choses égales par ailleurs, diminue le poids de la dette. Cette même note indique d'ailleurs que « À court terme, la hausse de l'inflation devrait plutôt être bénéfique pour le solde public, car elle accroît les recettes, alors qu'une partie des dépenses reste fixée en

1. Axelle Lacan, « En 2022, l'inflation augmente le poids de la dette publique », Haut Conseil des Finances Publiques, note n° 2022-4, septembre 2022, https://www.hcfp.fr/sites/default/files/2022-09/Note%20d%27%C3%A9tude%202022-04.pdf.

valeur ». Ainsi, en 2022, les recettes fiscales de l'État ont progressé de 15,6 % par rapport à 2021, alors même que les dépenses n'ont augmenté que de 2,8 %.

1) La convergence des économies européennes au point mort

Les écarts d'inflation dans l'Union européenne (UE) s'expliquent au premier abord par des politiques différentes des gouvernements pour limiter l'impact de la hausse des prix sur les populations ainsi que par le poids différent des hydrocarbures dans le mix énergétique. Mais ils renvoient à un problème plus fondamental, celui de la convergence des économies de la zone et à son mode de fonctionnement, problème que la crise financière de 2008 avait déjà révélé au grand jour.

La mise en place de la monnaie unique, appuyée sur les critères du Pacte de stabilité et de croissance – les fameux critères de Maastricht – devait permettre la convergence des économies européennes. C'est l'inverse qui s'est produit et l'euro s'est révélé une machine à diverger. Pour fonctionner correctement, la monnaie unique aurait supposé que des transferts financiers entre les États membres contribuent à l'harmonisation et à la convergence des économies de manière à construire une Europe de la solidarité et non une Europe de la concurrence et du dumping. En l'absence de politique de convergence, mais aussi du fait de l'impossibilité d'ajuster les taux de change pour compenser les divergences, monnaie unique oblige, le maintien de différentiels d'inflation devient un facteur déstabilisant : les pays ayant une inflation plus importante que leurs voisins voient leur compétitivité chuter et leur déficit commercial augmenter. C'est ce phénomène qui a été à l'œuvre en Europe avant la crise financière et qui a été à la racine des déséquilibres entre les pays du Nord et du Sud au détriment de ces derniers[2].

Ce que révèlent donc les écarts actuels d'inflation entre les pays européens, c'est que la convergence des économies n'a pas progressé d'un iota et ce malgré le Plan *Next Generation EU* lancé en 2020 qui, pour la première fois, permet de mettre en œuvre un mécanisme de subvention entre les États membres : plan apparemment considérable (750 milliards d'euros) mais qu'il faut rapporter aux près de 15 000 milliards annuels du PIB européen, à la période de trois ans sur laquelle il sera employé et aux besoins très importants en matière sociale et écologique auxquels il devra répondre[3].

2) La mondialisation néolibérale se grippe

Comprendre les raisons de ce réveil de l'inflation suppose, avant tout, de savoir pourquoi elle a été quasi absente ces dernières décennies. Avec la rupture introduite par le néolibéralisme dans les années 1980 et la mondialisation qui l'a accompagnée s'est mis en place un modèle économique bien particulier. Basé sur la création de valeur pour l'actionnaire, il vise à réduire les coûts par tous les moyens possibles avec

---

2. Voir Attac, Fondation Copernic, *Cette Europe malade du néolibéralisme*, Paris, Les Liens qui libèrent, 2019.

3. Jean-Marie Harribey et Esther Jeffers, « Plan de relance de l'Union européenne : jusqu'où peut et doit aller la BCE ? », *Mouvements*, 2021/1 (n° 105), pages 116 à 126, https://www.cairn.info/revue-mouvements.htm.

une priorité absolue donnée à l'augmentation des profits. Cela a conduit à une « modération salariale » généralisée dans les pays développés, à la délocalisation de nombre d'activités productives dans des pays à bas salaires avec l'éclatement des processus de production en de multiples segments de « chaînes de valeur ». Ceci s'est combiné avec une politique de zéro stock et une organisation en flux tendus, supposées permettre de répondre à la demande née des besoins des consommateurs, alors qu'il ne s'agit que de limiter le capital immobilisé.

Cette chasse aux coûts a pour objectif de garantir aux actionnaires des multinationales une distribution de dividendes conséquente, en augmentation quasi constante, en dépit de la faiblesse extrême des gains de productivité. Mais elle a aussi permis des prix bas et stables pour les consommateurs, ce qui compensait en partie la baisse de la part des salaires dans la valeur ajoutée, les banques centrales augmentant leurs taux d'intérêt au moindre soupçon inflationniste. Tout le monde était censé y trouver son compte, sauf évidemment les impératifs écologiques, mis à mal, entre autres, par le développement vertigineux du transport des marchandises. Sauf, aussi, les salarié·es, ceux et celles des pays du Sud, qui travaillent dans des conditions d'exploitation inouïes, comme du Nord, qui, outre qu'ils doivent faire face au chômage, voient leurs droits réduits progressivement au nom de la compétitivité et doivent s'endetter pour faire face à la stagnation salariale.

Ce sont ces mécanismes, au cœur du capitalisme néolibéral, qui se sont grippés. Les capacités de production et de transport maritime ont été désorganisées avec le confinement lié au Covid-19, dont la sortie a été chaotique. Le modèle néolibéral, basé sur l'éclatement des chaînes de valeur, le juste à temps, le zéro stock et le flux continu des marchandises à travers le monde, s'est délité. La désorganisation des chaînes de production, les goulets d'étranglement, les pénuries de matières premières, de composants électroniques, de pièces détachées se combinent avec une crise énergétique, aggravée par la folie spéculative, pour alimenter la hausse des prix. À cela s'ajoute dans l'UE une tarification de l'électricité au coût marginal – c'est la dernière centrale appelée sur le marché, la moins productive, qui fixe le prix de l'électricité – qui revient à aligner le prix de l'électricité sur le prix du gaz, procure aux producteurs d'électricité une rente de situation et fait exploser le prix du kWh sur le marché[4]. Le gaz naturel liquéfié (GNL) venant des États-Unis est vendu en Europe quatre fois plus cher qu'aux acheteurs américains, pour le plus grand bonheur des grandes compagnies comme Shell ou Total Énergies, premier exportateur de gaz étasunien, et dont la marge opérationnelle de la division gaz a triplé en un an. Le péril climatique se combine avec la crise géopolitique pour aggraver les pénuries alimentaires sur des marchés agricoles non régulés. De plus, nous sommes dans une situation où commence à se mettre (trop) doucement en route la transition vers une économie décarbonée. L'impossibilité de coordonner réellement l'offre et la demande, par exemple des métaux rares ou des puces électro-

4. À l'heure où nous écrivons, début janvier 2023, les négociations entre les pays de l'Union européenne ont abouti à plafonner le prix du gaz à un niveau trop élevé pour peser sur les tensions inflationnistes.

niques, entraîne de multiples déséquilibres sectoriels qui, tous, génèrent une hausse des prix.

Tous ces phénomènes se déroulent au sein d'un capitalisme de nature oligopolistique, c'est-à-dire dominé par des grands groupes qui subissent peu de pressions concurrentielles. Ils sont donc en mesure de répercuter la hausse de leurs coûts sur leurs prix, en profitant au passage pour augmenter leur marge, et de faire porter le poids de la hausse des coûts sur leurs sous-traitants, afin de pouvoir continuer à distribuer des dividendes en hausse à leurs actionnaires et des rémunérations extravagantes à leurs dirigeants. Ainsi, en France par exemple, le taux de marge des entreprises, certes différencié suivant les secteurs et leur place dans la chaîne de production, se situe à des sommets et la rémunération des patrons du CAC 40 a augmenté de 52 % en 2021. Au-delà, les dividendes mondiaux ont augmenté de 7 % au troisième trimestre 2022 pour atteindre près de 416 milliards de dollars. Pour l'ensemble de l'année, ils devraient atteindre 1560 milliards de dollars, soit une hausse de 8,2 % par rapport au record de 2021[5].

Certes, certains de ces dysfonctionnements ont déjà commencé à s'atténuer, ce qui s'est reflété dans la légère baisse de l'inflation au mois de novembre. Le prix du fret maritime, qui avait considérablement augmenté, de 7 à 10 fois par rapport à mars 2020, est en chute libre depuis quelques mois[6]. Le prix du pétrole est à la baisse au vu de la demande mondiale qui s'af-

5. *Le Monde*, 27 novembre 2022.

6. Les armateurs ont vu leurs profits exploser : ainsi, le groupe CMA CGM a plus gagné entre 2020 et 2022 que depuis sa naissance à la fin des années 1950.

faisse avec la récession qui pointe son nez (voir plus loin). Les mesures de confinement qui touchent des centaines de millions de personnes en Chine freinent l'activité et donc réduisent la demande de pétrole et de matières premières dont la Chine est grosse consommatrice avec, en théorie, une baisse des prix. Cependant, l'OPEP semble décidée à réduire sa production voulant profiter de prix élevés à la veille d'une transition énergétique qui les pénalisera et limite d'ores et déjà les investissements dans le secteur. De plus, la situation en Chine est très incertaine. L'allégement de la politique zéro covid pourrait entraîner une reprise de l'activité économique avec pour conséquences une hausse de la demande de matières premières et donc une hausse de leur prix. Mais un développement de l'épidémie n'est pas à exclure dans ce pays. L'aggravation de la crise sanitaire et la poursuite des confinements massifs ne sont donc pas impossibles et continueraient à désorganiser les chaînes de production. Enfin, la crise alimentaire, produit direct du changement climatique, va s'intensifier avec la multiplication des sécheresses et des événements extrêmes qui vont réduire la production de produits agricoles dans le monde. Dans une situation où ceux-ci sont de simples marchandises, soumises de plus à des mouvements spéculatifs, notamment à travers des produits dérivés, cela ne peut qu'entraîner une forte augmentation des prix. D'autres facteurs structurels, liés notamment à la transition énergétique et à la nécessité de sortir des énergies fossiles, risquent de peser dans le sens d'une inflation durable, ce d'autant plus que cela entraînera inévitablement des bouleversements qui rendront obsolètes nombre de moyens de production.

On le voit, de nombreuses incertitudes planent sur l'évolution de l'inflation dans le futur. Si, dans le meilleur des cas, le pic inflationniste peut sembler atteint avec deux mois consécutifs de ralentissement de la hausse des prix, on est loin de l'objectif de 2 % que se sont fixé les banques centrales et un retour rapide à la situation antérieure apparaît hors de portée.

La mesure de l'inflation

Deux indicateurs sont utilisés pour mesurer l'inflation. L'Insee utilise l'IPC (indice des prix à la consommation) alors qu'Eurostat, l'institut statistique européen, utilise l'IPCH (indice des prix à la consommation harmonisé). En général l'écart entre les deux indices, qui porte essentiellement sur les dépenses de santé, est négligeable. Ce n'est plus le cas aujourd'hui. Ainsi, pour le mois de novembre 2022, l'Insee avance pour la France un chiffre d'inflation annuel de 6,2 % alors que l'IPCH donne 7,1 %. Dans ce dernier, seules sont prises en compte les dépenses restant à la charge des ménages alors que l'IPC prend en compte les dépenses prises en charge par les administrations publiques. L'IPC minimise aujourd'hui les dépenses liées à l'énergie[7]. Au-delà, pour avoir une vision des tendances inflationnistes profondes de l'économie, on calcule l'inflation sous-jacente qui exclut les postes les plus volatils tels que par exemple l'énergie ou l'alimentation. Ainsi, en France, l'inflation sous-jacente sur un an a atteint 5 % au mois d'octobre.

7. Voir Aurélien Daubaire, « Indice des prix à la consommation *vs* indice des prix harmonisé au niveau européen : santé et énergie font la différence », 1er mars 2022, https://blog.insee.fr/ipc-vs-ipc-harmonise-sante-et-energie-comptent.

À côté de l'inflation portant sur les biens et services, il faut mentionner « l'inflation financière » qui concerne les hausses des prix d'actifs financiers et immobiliers. Cette inflation financière est au cœur des crises du capitalisme financier. Elle est non seulement largement ignorée par les banques centrales, mais a également été alimentée par la création massive de liquidités distribuées par elles à la suite de la crise de 2007, qui a favorisé la spéculation sur les marchés financiers.

2. Les banques centrales à la manœuvre

Les banques centrales avaient fait de la lutte contre la déflation leur objectif central tout en inondant de liquidités les marchés, espérant que ces liquidités seraient réinjectées dans le circuit économique. On a vu les limites de cette stratégie. Le retour d'une forte inflation va fortement les perturber. D'abord analysée comme provisoire et importée car due essentiellement à des perturbations dans les chaînes de production suite au très fort rebond économique qui a suivi la fin des confinements, l'inflation est non seulement apparue pérenne mais de moins en moins maîtrisée. Petit à petit, les banques centrales ont réagi, et en particulier celle des États-Unis, la FED, qui a entamé depuis le mois de juin 2022 une hausse continue de ses taux d'intérêt qui se situent début février 2023 dans une fourchette comprise entre 4,50 % et 4,75 %. Après avoir longtemps hésité, la BCE a décidé de suivre le même chemin que les autres banques centrales et a aussi engagé un cycle de hausse de ses taux directeurs qui s'établissent depuis le 2 février 2023 à 3 % pour le taux principal de refinancement, à 3,25 % pour celui de la facilité de prêt marginal et à

2,25 % pour celui de la facilité de dépôt[8]. (cf. le chapitre 2 ci-dessus). D'autres augmentations des taux sont d'ailleurs annoncées pour l'année 2023.

Ce différentiel de taux d'intérêt entre la BCE et la FED a entraîné une baisse de l'euro par rapport au dollar sur le marché des changes. Dans le contexte actuel, une telle baisse aura des effets inflationnistes, renchérissant notamment les prix des importations d'énergie qui sont payées en dollars. Au moment où nous écrivons, l'euro a néanmoins commencé à remonter face au dollar. Au-delà, le cours de l'euro a toujours été erratique, ce qui pose des problèmes d'adaptation aux entreprises exportatrices hors zone euro et des problèmes quant aux prix des importations venant des pays hors zone euro, notamment en matière d'énergie. Le niveau optimal de l'euro est d'autant plus difficile à déterminer que la zone euro est hétérogène et que tel niveau de l'euro peut favoriser tel pays et en pénaliser tel autre et, plus compliqué encore, à l'intérieur d'un pays, toutes les entreprises ne sont pas sensibles de la même manière au taux de change de l'euro.

1) Une hausse de taux efficace contre l'inflation ?

Ce resserrement des politiques monétaires est censé être justifié par la volonté de réduire la demande effective en augmentant le prix de l'argent.

8. La BCE a procédé au cours du second semestre 2022 à quatre hausses de ses taux : plus 50 points de base en juillet, 75 points en septembre, 75 points en octobre et 50 points en décembre ; au total, + 250 points de base, auxquels s'ajoutent 50 points de base en février 2023. Le point de base est égal à 0,01 %.

Le raisonnement est le suivant : une hausse des taux renchérit le coût des crédits ; les ménages consomment donc moins et les entreprises freinent leurs investissements, ce qui ralentit l'activité économique et donc fait baisser l'inflation, les prix baissant alors puisque la demande est moins forte. Cette logique vise aussi, pour les banquiers centraux, à casser la boucle prix-salaires : les salarié·es demandent des augmentations de salaires pour compenser la hausse des prix, augmentations que les entreprises répercutent dans leurs prix, ce qui entretient une spirale inflationniste. Ralentir l'activité économique, ce qui a pour conséquence une augmentation du chômage, permet de réduire les prétentions salariales. D'un point de vue théorique, les banques centrales s'appuient sur une conception d'un taux de chômage qui n'accélère pas l'inflation, le NAIRU, *Non-Accelerating Inflation Rate of Unemployment*. Il va sans dire que le taux de chômage acceptable pour les banques centrales est loin du plein emploi.

Cette analyse s'appuie sur l'idée que l'inflation trouve sa source dans un excès de monnaie qu'il faudrait faire décroître en limitant l'accès au crédit. Or, l'inflation actuelle n'est pas due à un excès de demande qu'il faudrait réduire, mais comme on l'a vu à des problèmes d'offre, d'organisation de la production, et aux pratiques des grandes firmes et de certains États. De plus, l'existence d'une boucle prix-salaires relève du mythe néolibéral. Aujourd'hui les salaires réels (défalqués de l'inflation) baissent partout dans le monde. L'inflation est payée essentiellement par les salarié·es et plus généralement par les personnes à revenu fixe. D'ailleurs une étude du FMI montre que, au-delà même de la situation actuelle,

« les boucles prix-salaires, définies comme une accélération continuelle des prix et des salaires, sont difficiles à identifier dans les données historiques[9] ». Si on ne peut trouver dans la situation actuelle une boucle prix-salaires, en revanche l'existence d'une boucle prix-profits est tout à fait réelle dans certains secteurs, comme par exemple l'énergie ou le transport, qui ont un effet d'entraînement sur l'ensemble de l'économie.

Dans cette situation, on ne voit pas comment des augmentations de taux pourraient être efficaces. Le doute envahit le chroniqueur du quotidien *Les Échos*, Dominique Seux, qui écrit à propos de la BCE : « Le risque est naturellement que cette hausse ne change pas grand-chose à une inflation en partie importée mais amplifie le ralentissement de l'économie européenne ». Comme l'écrit Joseph Stiglitz, « Des taux d'intérêt plus élevés augmenteront-ils l'offre de puces pour les voitures, ou l'offre de pétrole [...] ? Vont-ils faire baisser le prix des denrées alimentaires, autrement qu'en réduisant les revenus mondiaux au point que les gens revoient leur régime alimentaire ? Bien sûr que non. Au contraire, des taux d'intérêt plus élevés rendent encore plus difficile la mobilisation des investissements qui pourraient atténuer les pénuries d'approvisionnement. »[10]

Dans le cas de la zone euro, une autre difficulté apparaît : comment combattre l'inflation par une

9. Voir Romaric Godin sur Médiapart, https://www.mediapart.fr/journal/economie-et-social/251122/le-fmi-confirme-que-la-boucle-prix-salaires-est-d-abord-un-recit-conservateur.

10. Joseph Stiglitz, « All Pain and No Gain from Higher Interest Rates », *Project Syndicate*, 8 décembre 2022.

hausse uniforme des taux alors même que les écarts d'inflation entre les pays sont considérables ? En fait, pour casser l'inflation actuelle par une politique monétaire, il faudrait mettre en œuvre une thérapie de choc, telle que l'avait appliquée le président de la FED Paul Volcker qui avait fait passer le taux directeur réel de 1,8 % en 1980 à 8,6 % en 1981. Mais un tel choc entraînerait une crise généralisée de la dette, une récession massive et brutale et la fin de la transition écologique faute des investissements nécessaires tant publics que privés. Cette solution semble, pour le moment en tout cas, exclue. Mais à partir du moment où les banques centrales se fixent comme objectif de revenir à une inflation aux alentours de 2 % et qu'elles veulent continuer à augmenter leurs taux jusqu'à ce que cet objectif soit atteint, ce risque ne peut pas être totalement évacué. Et ceci d'autant moins que les taux d'intérêt réels restent fortement négatifs, ce qui signifie que, au moins à court terme, la restriction du crédit risque de rester lettre morte. Ainsi, à la fin septembre 2022, les crédits mobilisés par les entreprises, quelle que soit leur taille, étaient en moyenne en hausse de 7,9 % sur un an[11]. Les prêteurs continuent à accepter de perdre de l'argent pour pouvoir le placer. La tentation, pour les banques centrales peut être alors d'accélérer le mouvement de hausse des taux.

11. Banque de France, « Crédit par taille des entreprises », septembre 2022, https://www.banque-france.fr/statistiques/credit/credit/credits-par-taille-dentreprises.

Le capital protégé contre l'inflation ?

Le Trésor public a lancé depuis la fin des années 1990 un programme d'émission de titres indexés sur l'inflation, les obligations assimilables indexées sur l'inflation (OATI). Ces titres représentent près d'un dixième des émissions obligataires de la France. Le ministère des finances anticipe que ces OATI entraîneront un coût supplémentaire de 15 milliards d'euros pour l'État[12]. Au moment où les salaires réels baissent car le gouvernement français refuse toute indexation des salaires sur les prix, on voit que le capital fait l'objet d'une attention particulière de la part de l'État qui protège avec l'argent public des investisseurs privés.

2) Vers la récession ?

L'économie risque alors de subir un double choc. Une hausse prolongée des taux va ralentir la demande tant du côté des ménages, où le crédit plus cher se combinera avec la baisse des revenus réels, que du côté des entreprises dont l'investissement sera freiné. Ce sera d'autant plus important si les taux passent en territoire positif d'un point de vue réel, alors que l'investissement n'a pas rattrapé son niveau d'avant la crise sanitaire. Le deuxième choc est celui de l'austérité, même si le mot est refusé, avec comme objectif de revenir sous les 3 % de déficit budgétaire et de diminuer la dette publique. Baisses des dépenses publiques, alors que ces dernières sont indispensables pour mener à bien la transition éner-

12. Voir Benjamin Lemoine, « Qui est protégé contre l'Inflation ? », *Le Monde diplomatique*, décembre 2022.

gétique, et amputation de la protection sociale sont au programme.

Pour en rester au cas de la France, le gouvernement a mis en œuvre une nouvelle réforme de l'assurance-chômage, veut augmenter l'âge de départ à la retraite, fait baisser les salaires réels en refusant une indexation sur l'inflation, prévoit une baisse relative des dépenses publiques par rapport à la croissance du PIB et a programmé un retour du déficit budgétaire à 3 % du PIB en 2027. Ce qui suppose de couper massivement dans les dépenses publiques. Si ce n'est pas de l'austérité, ça y ressemble fortement ! La combinaison d'une politique monétaire et d'une politique budgétaire toutes deux restrictives ne peut que mener à la récession car entraînant une baisse globale de la demande. Celle-ci est d'ailleurs annoncée par tous les instituts économiques, y compris le FMI, sans que les gouvernements et les banques centrales ne se préoccupent vraiment de réorienter le système productif et la demande.

En réalité, les banquiers centraux connaissent parfaitement les conséquences négatives d'une forte hausse des taux et savent que les mesures actuelles n'auront que des effets pour le moins limités sur l'inflation. On peut avancer deux raisons, non contradictoires, pour expliquer leur attitude. La première est la force du conformisme : face à l'inflation, les banquiers centraux font ce qu'ils ont toujours fait, augmenter les taux d'intérêt. Ils le font d'ailleurs quelquefois totalement à contretemps. On se souvient que, par exemple, la BCE, présidée à l'époque par Jean-Claude Trichet, a augmenté en juillet 2008 son taux directeur à quelques semaines de l'explosion de la crise financière, puis par deux fois en avril et juillet 2011 alors même que l'activité économique était quasi stagnante.

La seconde raison renvoie aux rapports sociaux. Dans une situation tendant au plein emploi, les rapports de force peuvent s'améliorer en faveur des salarié·es, ce d'autant plus que les évolutions démographiques, avec une baisse tendancielle de la population active, rendent la main-d'œuvre disponible plus rare, au moins dans les pays développés, Chine comprise. À cela s'ajoute le phénomène de « grande démission » qui voit, suite au Covid, un retrait plus ou moins massif du marché de l'emploi dans certains pays[13]. Les luttes actuelles pour les salaires, le renouveau, certes timide, du syndicalisme aux États-Unis préfigurent peut-être ce renversement des rapports de force entre travail et capital. Dans cette situation, la tentation peut être de se servir du prétexte de la lutte contre l'inflation pour permettre, en utilisant la récession et l'arme du chômage, de remettre les salarié·es dans le droit chemin de l'acceptation passive de leur sort.

3) Du QE au QT ?

La normalisation de la politique monétaire ne concerne pas que les taux d'intérêt. Comme on l'a vu, les banques centrales ont acheté massivement des obligations, en particulier des obligations d'État.

13. Voir Thomas Coutrot, Coralie Perez, *Redonner du sens au travail, Une aspiration révolutionnaire*, Seuil, 2022 ; et Fondation Jean Jaurès, Jérôme Fourquet et Jérémie Peltier, *Grosse fatigue et épidémie de flemme : quand une partie des Français a mis les pouces*, septembre 2022.

Pendant l'année 2022, les banques centrales ont toutes annoncé l'extinction progressive de leurs achats de titres et amorcé un programme inverse de revente, afin de stopper l'inflation. Ce faisant, elles se placent devant un nouveau dilemme : casser l'inflation en retirant de la monnaie en circulation ou empêcher la reprise économique après la pandémie. Cette situation de dilemme se complexifie avec la mise en œuvre d'un plan de relance par l'administration Biden de 1 900 milliards de dollars en 2021. Il devait être suivi d'un second de 1 700 milliards en 2022, mais a laissé la place à l'*Inflation Reduction Act* en 2022 qui prévoit un verdissement des investissements, à hauteur de 369 milliards de dollars sur dix ans.

La FED a annoncé en avril 2022 qu'elle allait s'engager dans une réduction massive de son bilan. Concrètement, elle ne réinvestira pas les montants issus des remboursements des obligations arrivées à échéance. Elle va donc passer du *quantitative easing* (*QE*), assouplissement quantitatif, au *quantitative tightening* (*QT*), resserrement quantitatif.

Dans le même temps, la BCE organise le dégonflement de son bilan. Dès le mois de décembre 2021, la BCE a décidé de mettre fin progressivement aux achats d'obligations effectués dans le cadre du Plan d'urgence face à la pandémie (PEPP) pour les arrêter fin mars 2022. Elle a décidé aussi de mettre en œuvre un plan de réduction de son programme d'achats antérieur, mis en place en 2015, appelé APP (*Asset Purchase Programme*) qui s'est arrêté le 1er juillet 2022. La BCE est-elle revenue à sa politique traditionnelle ? La réponse semble plus complexe. Si la BCE décide d'arrêter ses achats d'actifs, elle avait néanmoins annoncé que, contrairement à la FED, elle réinvestirait la totalité des remboursements des créances arrivant à échéance en continuant à acheter des titres sur le marché secondaire au moins jusqu'en 2024. Les liquidités déversées sur les marchés financiers ne se seraient donc pas taries. Or, à la mi-décembre, la BCE a annoncé qu'elle ne réinvestirait plus la totalité de ces remboursements à partir du mois de mars 2023. Elle s'achemine donc progressivement vers un *quantitative tightening (QT)*.

Les achats d'obligations d'État par les banques centrales ont eu pour conséquence d'empêcher une hausse des taux d'intérêt à long terme. En théorie un emprunt à long terme, 10 ans par exemple, est plus risqué qu'un emprunt à court terme. Le taux d'intérêt appliqué à ce dernier doit donc être moins élevé. Or la hausse des taux d'intérêt (à court terme) par les banques centrales a pour conséquence que ces derniers dépassent aujourd'hui les taux d'intérêt à long terme (inversion de la courbe des taux). Il coûte plus cher de se financer à court terme qu'à long terme. Outre que cela est le signe d'un pessimisme sur la situation présente – les investissements entrepris aujourd'hui étant plus risqués, les crédits pour les financer coûtent plus cher –, cela pourrait avoir des conséquences néfastes sur le système bancaire. En effet, les banques se refinancent auprès de la banque centrale, donc à des taux à court terme, mais elles prêtent à long terme. Une inversion durable de la courbe des taux pourrait donc avoir un effet déstabilisateur sur les banques.

Cependant, la mise en place d'un *QT* pourrait avoir des conséquences encore plus désastreuses pour la zone euro avec le risque d'une nouvelle crise des dettes publiques due à des attaques spéculatives qui, comme en 2010-2012, se déchaîneraient contre des pays que les investisseurs jugeraient les plus fragiles, Italie, Espagne, Portugal, Grèce. L'arrêt total d'achat d'obligations d'État par la BCE pourrait se traduire par une augmentation des écarts de taux auxquels les États empruntent, entraînant un fractionnement de la zone euro. Là aussi, le phénomène est déjà commencé et c'est l'Italie qui est en première ligne. En effet, la crise politique italienne a servi de prétexte pour une attaque spéculative contre la dette italienne sans précédent depuis 2011 : l'écart de taux d'emprunt sur les marchés financiers (*spread)* entre l'Italie et l'Allemagne, pays de référence, a ainsi augmenté de 240 points de base (2,40 %) le jour de la démission de Mario Draghi de son poste de président du conseil. Si cette situation empirait et touchait d'autres pays, l'existence même de la zone euro serait menacée, comme en 2010-2012.

La BCE en est consciente et a annoncé la mise en place d'un bouclier visant à lutter contre la « fragmentation » de la zone euro, le TPI (*Transmission Protection Instrument*), instrument de protection de la transmission (ITP), lui permettant d'acheter au cas par cas des obligations d'État des pays pouvant être concernés par des attaques spéculatives. Mais au contraire du « Whatever it takes » de Mario Draghi en juillet 2012 et du programme OMT, le flou demeure sur les situations qui justifieraient une telle intervention – est-ce le cas par exemple de la situation italienne actuelle ? –, mais surtout cette intervention serait conditionnée à une série de critères à respecter en matière de finances publiques. Le risque est donc que cet outil soit un moyen de chantage vis-à-vis de certains pays pour les forcer à accélérer la mise en œuvre de mesures néolibérales sans d'ailleurs la moindre garantie que les attaques spéculatives cessent et avec l'assurance d'une aggravation de la récession économique. On entrerait donc alors dans une spirale mortifère dont la Grèce a été l'exemple emblématique.

4) Une crise financière en gestation ?

Deux risques sont à pointer plus particulièrement. D'abord, celui du déclenchement d'une crise obligataire qui se traduirait par une chute brutale de la valeur des titres publics sur le marché secondaire. En effet, une augmentation des taux directeurs par les banques centrales entraîne une baisse des cours des obligations d'État déjà en circulation jusqu'à ce que leur rendement s'égalise avec celui des nouvelles obligations émises dont le taux a monté. Les institutions financières (banques, assurances, fonds d'investissement) qui possèdent ces obligations essaient alors de s'en débarrasser dans une course à la liquidité déclenchant ainsi une spirale baissière généralisée avec le risque de défaut qui pourrait s'ensuivre. Si nous n'en sommes encore pas là aujourd'hui, le phénomène semble enclenché. Selon *Les Échos*[14], une augmentation des taux d'un point de base, soit 0,01 %, entraîne

14. *Les Échos*, https://www.lesechos.fr/idees-debats/crible/taux-dinteret-marche-obligataire-une-sensibilite-exacerbee-1879154, 15 novembre 2022, https://www.lesechos.fr/finance-marches/marches-financiers/le-marche-obligataire-sous-la-menace-dun-krach-1851356, 23 septembre 2022.

une baisse de prix des obligations déjà mises sur le marché deux fois plus importante et « depuis le point haut de la valorisation des obligations, en septembre 2021, les portefeuilles obligataires ont perdu 20 % ». Les dernières annonces de la BCE mi-décembre ont d'ailleurs confirmé cette tendance.

Cet effet déstabilisateur sur le système financier pourrait d'ailleurs être amplifié par la défaillance de certains investisseurs incapables de rembourser leurs dettes qui avaient été souscrites à taux variable. C'est particulièrement le cas pour les sociétés de capital-investissement qui utilisent des « prêts à effet de levier » pour financer leurs rachats d'entreprises et investir dans l'immobilier pariant sur une hausse continue des prix. Particulièrement endettées, elles sont très sensibles à la moindre augmentation des taux d'intérêt, ce d'autant plus que le secteur immobilier semble aujourd'hui orienté à la baisse. Leur éventuel défaut pourrait avoir des conséquences sur les banques très exposées à ce type de prêts[15], d'autant plus que, comme l'analysent les économistes du Centre d'études prospectives et d'informations internationales (CEPII), les banques systémiques[16] en zone euro sont ainsi en moyenne moins capitalisées que les autres, alors qu'elles devraient l'être davantage vu le risque qu'elles font courir au système[17] ».

15. Olivier Passet, *Remontée des taux : Pour qui sonne le glas,* Xerfi Canal, 30 novembre 2022.

16. Une banque est dite systémique si ses difficultés peuvent mettre en danger le système financier dans son ensemble par sa taille et ses liens avec d'autres établissements financiers.

17. Jézabel Couppey-Soubeyran, Thomas Renault, *10 ans après la faillite de Lehman Brothers, le risque systémique a-t-il baissé ?, La lettre du CEPII*, n°391, septembre 2018.

L'exception japonaise

Dans le panorama des grandes banques centrales, celle du Japon a longtemps fait figure d'exception en se refusant d'augmenter ses taux d'intérêt, voulant garder son principal taux directeur en territoire négatif (- 0,10 %). Elle se fixait notamment comme objectif de maintenir les rendements de ses obligations à 10 ans autour de zéro. Et le gouvernement japonais a programmé un plan de soutien à l'économie de 200 milliards d'euros essentiellement financé par la dette. Rappelons que cette dernière dépasse les 250 % du PIB sans que ce pays subisse la moindre attaque spéculative sur sa dette. La raison essentielle est que cette dette est hors des marchés financiers. Elle est détenue par la banque centrale (à 50 %) et par d'autres opérateurs publics comme La Poste ou le Fonds de réserve de la sécurité sociale. Mais, aujourd'hui, on peut se demander si la Banque du Japon n'amorce pas une hausse de ses taux. Elle avait mis en place un mécanisme permettant de contrôler le rendement des obligations d'État sur le marché secondaire qui ne pouvait fluctuer qu'entre - 0,25 % et + 0,25 %. Or, elle a décidé le 15 décembre 2022 d'élargir la plage de fluctuation des taux sur les emprunts d'État à 10 ans : de -0,5 % à +0,5 %, ce qui peut être interprété comme un signal préalable à une future augmentation de ses taux. Cependant, elle a laissé son taux à court terme à - 0,1 %. Or le Japon est confronté à une baisse importante de sa monnaie, le yen, par rapport au dollar, de l'ordre de 14 % sur l'année 2022. La Banque du Japon est donc prise dans un dilemme : soit augmenter ses taux d'intérêt avec le risque de plonger le pays dans la déflation alors qu'il n'est pas encore remis de la crise financière et immobilière des années 1990 ; soit voir le yen continuer à dévisser, alors que les Japonais consomment beaucoup de produits importés, que leurs salaires stagnent, sans que le volume des exportations en bénéficie au vu des difficultés des entreprises japonaises à augmenter leur production du fait de la pénurie de main-d'œuvre.

5) De crise en crise

La crise ouverte en 2007, prolongée par la crise de la zone euro, puis par la crise du Covid, n'est pas terminée. Elle n'est pas que financière, même si la finance y joue un rôle fondamental. Elle est financière, économique, sociale et écologique.

On doit se demander si une nouvelle crise est en gestation. En réalité nous avons la réponse car nous allons de crise en crise au sens où ce système ne sait sortir d'une crise qu'en créant les conditions de la prochaine. Ainsi, lors de la crise qui a éclaté en 2007 et fragilisé les banques, la BCE, comme les autres banques centrales, a volé à leur secours. Le sauvetage du système bancaire a fait exploser la dette des États et, dans la zone euro, les a fortement fragilisés. Les dettes des banques se sont transformées en dettes des États. Les plans d'austérité qui ont été appliqués, en Grèce, au Portugal ou ailleurs, notamment dans le Sud de la zone euro, ont été mortifères. L'activité économique s'est effondrée tandis que le chômage et la pauvreté ont explosé. Même le FMI a reconnu son erreur par la voix de son ancien économiste en chef, Olivier Blanchard. Le FMI, mais également l'OCDE et la Commission européenne, ont systématiquement sous-estimé l'impact négatif des politiques d'austérité sur la croissance économique.

Et toutes les liquidités injectées par la BCE via les programmes de rachat des titres publics et privés n'ont pas réussi à atteindre l'économie réelle via le canal du crédit. Les banques ont augmenté leurs réserves auprès de la BCE et leurs rachats de titres sur les marchés financiers. Ces liquidités ne pouvaient remédier aux difficultés du système productif, notamment à la faiblesse des gains de productivité, elles n'ont fait qu'alimenter la spéculation. En d'autres termes, les moyens mis en œuvre par les banques centrales pour lutter contre la crise actuelle préparent les conditions de l'émergence de la prochaine.

Comprendre la nature de la crise que nous vivons actuellement, d'où elle vient, ce qu'on désigne même par ce terme, sont aujourd'hui des questions essentielles pour chercher et trouver des solutions. Cette crise n'est pas extérieure à l'économie. Elle n'est pas exogène, liée à un choc extérieur. Elle a de multiples faces, la récurrence et la succession sont les signes même de la crise. Elle n'est donc pas un accident, elle est bien endogène au système. Aussi la crise doit être appréhendée dans sa globalité, dans son caractère multidimensionnel, en lien avec les autres problèmes dans la société liés à la production, à la répartition des richesses, à la transition écologique. Il faut donc un changement de direction et tracer des orientations.

Chapitre 4

Quelles propositions ?

Les chapitres précédents ont illustré le fait que la politique des banques centrales, et singulièrement de la Banque centrale européenne (BCE), n'a cessé d'évoluer face aux crises et aux transformations de l'environnement économique. Ce qui doit nous amener à considérer qu'il n'y a pas de doctrine immuable de la politique monétaire. Et que celle-ci correspond bien à des choix politiques susceptibles d'être remis en cause.

Le deuxième enseignement qui se dégage du chapitre 4, est que la politique monétaire dictée par l'orthodoxie néolibérale présente des limites importantes dans le contexte actuel caractérisé par une accélération de l'inflation. Premièrement, le choix par la BCE d'une cible d'inflation de 2 % est contestable, car il conduit à durcir la politique monétaire et à élever les taux d'intérêt dès que cet objectif est dépassé, au détriment des autres objectifs de la politique économique, en particulier l'investissement et l'emploi. Deuxièmement, il apparaît que la politique monétaire ne peut être le principal instrument de lutte contre l'inflation actuelle dans la mesure où les causes de l'accélération récente de l'inflation ne sont pas monétaires, mais sont liées à des facteurs réels tels que les conditions de production et de productivité, la hausse internationale des prix de l'énergie et aux tensions géopolitiques. D'autres instruments de politique économique, tels que les politiques budgétaires et fiscales, doivent être mobilisés, en particulier pour protéger des méfaits de l'inflation les acteurs les plus vulnérables.

Au total, il apparaît que la politique monétaire actuelle est non seulement inefficace mais également fondamentalement nocive : en effet, la hausse des taux d'intérêt, d'une part freine les investissements nécessaires à la bifurcation écologique, et d'autre part risque de déclencher une nouvelle crise financière dans le contexte actuel de fort endettement des acteurs publics et privés.

Une transformation de la politique monétaire s'impose face aux défis du XXIe siècle. Il existe des alternatives aux doctrines et aux politiques néolibérales, contrairement à l'affirmation bien connue « *TINA – There is no alternative* » de Margaret Thatcher, qui contribua à l'offensive néolibérale à la fin des années 1970. Les crises financière et sanitaire de la période 2007-2021 ont été l'occasion d'un premier accroc à l'orthodoxie monétaire, l'élargissement des objectifs des banques centrales, contraintes d'intervenir face à l'instabilité économique et financière qui menace les économies capitalistes.

La crise climatique a conduit la BCE à un deuxième changement majeur. En juillet 2021, celle-ci a en effet annoncé une révision stratégique permettant « d'intégrer les considérations de changement climatique dans la politique monétaire ». Il faut rappeler que les statuts de la BCE, définis notamment par l'article 127 du Traité sur le fonctionnement de l'Union et l'article 3, alinéa 3, du Traité de l'Union, donnent explicitement à celle-ci mandat de contribuer à « un haut niveau de protection et à l'amélioration de l'environnement »[1].

Cette évolution de la BCE, qui l'amène à une politique monétaire plus « interventionniste », constitue une victoire importante des opposants à la doctrine néolibérale. En effet, on peut y voir un premier pas vers la remise en cause du « principe de neutralité », pilier de la doctrine néolibérale, selon lequel la BCE n'a pas à interférer avec le libre jeu des mécanismes de marché. Il est désormais reconnu que ces derniers sont en échec face aux impératifs climatiques, ce qui justifie des interventions publiques.

Mais ces avancées de la BCE, si elles vont dans le bon sens, sont insuffisantes. Elles n'ont pas permis de remettre en cause la logique néolibérale, comme le montre le retour récent aux politiques du passé pour lutter contre l'inflation, analysé au chapitre précédent. Le resserrement récent de la politique monétaire décidé par la BCE, qui s'est traduit par une forte hausse des taux d'intérêt depuis juillet 2022, pénalise indistinctement l'ensemble des investissements, et porte donc préjudice aux investissements climatiques. Ce qui contredit les annonces récentes de la BCE quant à son engagement au service de la bifurcation écologique.

Pour répondre aux impératifs de la bifurcation écologique et sociale, des transformations profondes et radicales de la politique monétaire apparaissent

1. Cette référence explicite aux objectifs environnementaux concernant la BCE n'est pas présente dans les mandats des banques centrales des États-Unis et du Japon.

donc nécessaires, qui passent par une réforme de son cadre opérationnel (les instruments) et institutionnel.

1. Réformer le cadre opérationnel de la politique monétaire

Des travaux pionniers, menés par des économistes et des organisations du mouvement social, ont été à l'origine de propositions qui définissent ce que devrait être le nouveau cadre opérationnel de la politique monétaire pour accompagner la bifurcation écologique et sociale[2]. Les instruments au service des banques centrales doivent être adaptés à quatre niveaux complémentaires.

1) Verdir la politique monétaire traditionnelle

Les banques centrales, dans les systèmes monétaires contemporains, jouent le rôle de banquiers des banques de second rang (les banques commerciales). Comme nous l'avons vu dans le chapitre 1, l'une de leurs fonctions est de refinancer ces banques en leur fournissant des liquidités, sous forme de monnaie centrale. Les banques centrales peuvent ainsi agir sur le financement de l'économie par le système bancaire en décidant des modalités et des conditions auxquelles elles apportent leur soutien aux banques.

La BCE, comme la plupart des banques centrales, n'impose aucune conditionnalité aux banques qu'elle refinance, préférant laisser jouer librement les mécanismes de marché. Ce « principe de neutralité par

2. Hubert Kempf, « Verdir la politique monétaire », *Revue d'économie politique*, Dalloz, 2020, vol. 130, n°3, p. 311-343.

rapport au marché », au cœur de la doctrine néolibérale, doit être remis en cause, on l'a déjà noté.

Dans la perspective du financement de la bifurcation écologique et sociale, les banques centrales disposent de plusieurs leviers pour agir sur les financements bancaires. En premier lieu, elles doivent moduler les taux d'intérêt directeurs dont elles ont le contrôle en fonction de la nature des crédits bancaires : un crédit bancaire destiné à financer la rénovation thermique d'un logement bénéficiera, pour son refinancement auprès de la banque centrale, d'un taux d'intérêt plus bas que celui du refinancement d'un crédit destiné à financer l'achat d'un véhicule à moteur thermique. En second lieu, les banques apportent à la banque centrale des collatéraux (en garantie) pour être refinancées. La banque centrale doit désormais dresser la liste des collatéraux qu'elle accepte, excluant les collatéraux correspondant à des crédits destinés à financer les industries fondées sur les énergies fossiles, émettrices de CO2. Troisième instrument : les banques centrales imposent aux banques des réserves obligatoires, calculées en fonction des dépôts enregistrés au bilan de ces dernières. Ces réserves, uniformes aujourd'hui, devront être modulées en fonction du caractère plus moins « vert » des financements accordés par chaque établissement bancaire.

2) Verdir la politique non conventionnelle

Comme on l'a vu dans les chapitres précédents, les banques centrales ont élargi la gamme de leurs instruments pour faire face aux besoins de financement liés aux crises financière et sanitaire. Cette politique dite d'« assouplissement monétaire » (*quantitative easing*) s'est traduite par des créations massives de liquidités par les banques centrales. Ce qui a notamment eu pour effet d'entraîner une baisse spectaculaire des taux d'intérêt, interrompue récemment par la mise en œuvre du « *quantitative tightening* » destiné à lutter contre l'accélération de l'inflation.

La politique d'assouplissement monétaire a pris plusieurs formes, dont la plus importante a été le rachat par les banques centrales d'obligations (titres de dette) qui avaient été émises par les acteurs publics et les entreprises. Les ONG comme Attac, Oxfam et Veblen ont montré que plus de 60 % de ces obligations d'entreprises concernent les secteurs les plus polluants de l'économie (automobile, autoroutes, chimie, agro-industrie…)[3].

Une réforme de cette politique est donc nécessaire avec la mise en œuvre d'un « *quantitative easing* » vert, ciblé exclusivement sur le financement obligataire des investissements pour les infrastructures, les énergies renouvelables, la rénovation thermique des logements…

Cette conditionnalité verte pourrait être appliquée également aux obligations publiques. Dans cette perspective, certains économistes ont proposé que soit annulée la dette publique des États détenue

3. Stanislas Jourdan et Wojtek Kalinowski, « Aligner la politique monétaire sur les objectifs climatiques de l'Union européenne », *Positive Money & Veblen Institute*, 2019.

par la BCE ayant permis le financement d'investissements publics « pour le climat »[4].

3) Les timides annonces récentes de la BCE pour verdir sa politique

Le 4 juillet 2022, la BCE a annoncé un « verdissement » de sa politique en trois étapes. En octobre, elle a modifié ses critères pour ses opérations d'achats de titres émis par les entreprises destinées à soutenir l'économie. Elle indique qu'elle fera désormais « basculer » son portefeuille d'obligations vers des entreprises ayant une meilleure performance climatique.

La deuxième décision concerne les prêts accordés par la BCE aux banques. A partir de 2024, la BCE appliquera des critères environnementaux pour accepter les garanties (collatéraux) apportées par les banques, ce qui devrait inciter ces dernières à verdir leurs prêts. Troisième étape : la BCE n'acceptera plus, à partir de 2026, les collatéraux représentant des prêts bancaires aux entreprises n'appliquant pas la directive européenne les obligeant à publier leur empreinte carbone.

Mais ces annonces, si elles vont dans le bon sens, sont insuffisantes. Le montant des opérations qui seront verdies restera très faible. Par ailleurs, la BCE continue de donner la priorité à la lutte contre l'inflation, ce qui l'a amenée à arrêter ses rachats de titres et à augmenter les taux d'intérêt, deux mesures qui vont pénaliser le financement de la bifurcation

4. Baptiste Bridonneau et Laurence Scialom, « Des annulations de dettes publiques de la BCE : lançons le débat », *Note Terra Nova*, 2020.

écologique. Enfin, on doit remarquer que la BCE se refuse à utiliser son pouvoir de création monétaire pour assurer elle-même, sans passer par les marchés, le financement des investissements publics nécessaires à la bifurcation écologique et sociale. Le motif invoqué pour ce refus est que le « financement monétaire » par la BCE est interdit par les traités. Il est grand temps que ce dogme tombe !

4) Renforcer la réglementation financière

La réglementation est un instrument important face aux rapports ambivalents entre finance et climat : d'un côté, le changement climatique fragilise les acteurs financiers qu'il soumet à des risques nouveaux à caractère systémique ; et d'un autre côté, ces mêmes acteurs financiers, par leur recherche effrénée de rentabilité à court terme, qui les amène notamment à continuer de financer les énergies fossiles, tendent à amplifier le changement climatique.

À la suite de la crise financière de 2007, le principe de séparation des politiques de stabilité monétaire et financière a été remis en cause, comme on l'a déjà noté précédemment : il est reconnu que la politique monétaire peut affecter la stabilité financière qui doit désormais être considérée comme un objectif à part entière de la banque centrale. Ce qui a amené la BCE à être impliquée dans la définition et la mise en œuvre de la « régulation prudentielle » qui s'applique au système bancaire.

La politique prudentielle poursuit deux objectifs principaux : en premier lieu la stabilité financière, au double niveau des banques individuelles (microprudentiel) et du système financier (macroprudentiel). Dans la mesure où le changement climatique est à l'origine de nouveaux risques, il apparaît essentiel que les banques centrales et les autorités de supervision financière s'assurent que les risques liés au climat soient bien intégrés dans les stratégies et les procédures de gestion des risques des institutions financières. Les travaux récents du réseau international de banques centrales et de superviseurs pour le verdissement du système financier (NGFS) sont consacrés à cette adaptation de la régulation prudentielle.

La deuxième fonction de la régulation financière doit être de contribuer à canaliser les flux financiers vers des activités bas-carbone (approche de politique économique) et de décourager les financements des activités intensives en énergie fossile. Son rôle devrait notamment consister à agir sur la structure des bilans bancaires afin que ceux-ci soient cohérents avec les objectifs climatiques.

Aucune avancée significative n'a été réalisée récemment dans la réglementation des banques dans ce double domaine face au changement climatique, car les autorités publiques sont restées sous l'emprise des lobbys bancaires et de la *doxa* néolibérale du laisser-faire. Il est urgent d'imposer aux banques l'arrêt du financement des énergies fossiles et de sanctionner le *greenwashing* qui permet aux banques de faire croire qu'elles contribuent au financement de la bifurcation écologique[5].

5) La création monétaire de la BCE au service des investissements publics

Selon l'orthodoxie néolibérale, les investissements écologiques devraient être financés par les banques et les marchés financiers. Or ce dogme se heurte au mur de la réalité : le système bancaire et financier, tel qu'il fonctionne actuellement, est dans l'incapacité de financer l'investissement massif (de l'ordre de 4 % à 5 % du PIB) requis par la bifurcation écologique et sociale. L'explication est simple : le court-termisme de la finance, et son incapacité à gérer les risques importants et incertains engendrés par la crise écologique, sont incompatibles avec le financement des investissements de long terme requis par la transition écologique. D'où le nécessaire recours aux investissements publics.

Sortir de la dépendance actuelle aux marchés est l'un des avantages du recours au financement monétaire (ou monétisation) par la banque centrale des investissements publics. Cette monétisation peut prendre des formes variées et a donné lieu à diffé-

5. Attac, « Reprendre la main pour financer la transition écologique et sociale », 2022, https://france.attac.org/nos-publications/notes-et-rapports/article/note-reprendre-la-main-pour-financer-la-bifurcation-sociale-et-ecologique ; Institut Veblen (2022), « Mettre la règlementation bancaire au service de la transition écologique », https://www.veblen-institute.org/IMG/pdf/mettre_la_reglementation_bancaire_au_service_de_la_transition_ecologique_institut_veblen_juin_2022.pdf.

rentes propositions[6]. Le principe consiste à considérer que, puisque le système financier n'est pas en mesure de financer la bifurcation écologique, il revient aux États d'investir pour le climat et de donner aux banques centrales le rôle de financeurs pour leurs investissements stratégiques.

Le financement direct par création monétaire des investissements publics par la banque centrale repose sur une conception de la monnaie qui donne à celle-ci un rôle d'institution publique et sur l'idée que ce financement monétaire direct doit être assimilé à une « avance », un « pré-financement » de la future richesse. La monétisation des investissements publics par la banque centrale permet de lever la contrainte financière de l'État et d'anticiper les bénéfices à long terme pour la société grâce à ces investissements, ce que les acteurs du système financier sont dans l'incapacité de faire.

Face à ces limites de la finance privée, il existe un deuxième canal de financement à la disposition des autorités publiques, qui implique également la banque centrale : le recours aux intermédiaires financiers publics (IFP), principalement les banques publiques d'investissement et les banques publiques de développement. Sous contrôle public et poursuivant les objectifs des politiques publiques, ces acteurs constituent un levier stratégique au service des États. Au nombre de 450 à l'échelle mondiale, ces IFP réalisent environ 10 % de l'investissement global. Pour la

6. Pour une synthèse critique : Jean-Marie Harribey, Esther Jeffers et Dominique Plihon, « Quel système bancaire pour financer la bifurcation écologique », *Revue française d'économie*, à paraître, 2023.

France et l'Union européenne, il s'agit de la Banque publique d'investissement (BPI), filiale de la Caisse des dépôts et consignations (CDC), et de la Banque européenne d'investissement (BEI). Il est essentiel de mobiliser ces acteurs financiers et d'accroître leur rôle, étant donné leur importance stratégique[7]. Or, la capacité de financement des IFP est actuellement entravée par l'orthodoxie financière qui limite leur pouvoir de création monétaire et leur impose de se financer sur les marchés ou par la collecte de l'épargne (cas de l'épargne réglementée collectée par la CDC). L'un des obstacles à lever est de faciliter le recours de ces banques publiques au refinancement de la BCE, ce recours étant formellement autorisé par les traités européens (article 123.2 du Traité sur le fonctionnement de l'Union européenne (TFUE).

2. Transformer le cadre politique et institutionnel de la politique monétaire

Les idéologies monétariste et néolibérale ont donné un poids excessif à la politique monétaire et aux banques centrales. Ce qui s'est notamment traduit par l'octroi de l'indépendance des banques centrales par rapport au pouvoir politique. Et ce qui a également conduit à la construction d'une Union économique et monétaire européenne dont l'architecture est déséquilibrée, avec une politique monétaire au niveau de l'UE et des politiques budgétaires et fiscales nationales dont le rôle a été affaibli par

---

7. Mariana Mazzucato, « The Green Entrepreneurial State », *Working Paper*, Science Policy Research Unit, University of Sussex, 2015 ; Dominique Plihon et Sandra Rigot, « Les intermédiaires financiers publics face au changement climatique », *Revue économique*, 2022.

des règles contraignantes fixées par les traités européens.

Il est reconnu, y compris par les banquiers centraux, que l'ensemble des instruments de politique économique – monétaire, réglementaire, budgétaire et fiscal – doivent être mobilisés et articulés entre eux pour promouvoir l'objectif de bifurcation écologique et sociale[8].

Ce qui nécessite de modifier l'organisation, la gouvernance et le cadre institutionnel actuels des politiques économiques dans l'Union européenne et la zone euro.

1) Coordonner les politiques monétaire, prudentielle, budgétaire et fiscale dans le cadre d'un policy mix écologique et social

Selon la théorie économique initialement développée par Tinbergen, économiste keynésien[9], en 1952, la combinaison des politiques économiques (le *policy mix*) doit obéir à deux règles pour être efficace : d'une part, il faut autant d'instruments que d'objectifs de politique économique ; et d'autre part, chaque instrument de politique économique doit être affecté en priorité à l'objectif pour lequel il est le plus efficace. Ainsi, par exemple, la politique moné-

8. Patrick Bolton, Morgan Despres, Luiz Awazu Pereira Da Silva, Frédéric Samama et Romain Svartzman, « The green swan – Central banking and financial stability in the age of climate change », *BIS, Eurosystem, Banque de France*, 2020.

9. Jan Tinbergen, *On the Theory of Economic Policy*, Amsterdam, North-Holland. Il a été avec Ragnar Frisch, en 1969, le premier lauréat du prix de la Banque de Suède, dit « prix Nobel d'économie ».

taire ne peut à elle seule poursuivre conjointement les objectifs de stabilité monétaire (lutte contre l'inflation) et de stabilité financière (prévenir les crises financières)[10]. C'est une des raisons pour lesquelles les banques centrales, supposées être les gardiennes de la stabilité monétaire et financière, recourent à deux instruments : les taux d'intérêt et la régulation prudentielle. Par ailleurs, s'il est établi que la politique monétaire n'est pas efficace face à l'inflation, comme c'est le cas actuellement pour des raisons indiquées plus haut, un autre instrument doit être mobilisé en priorité ; par exemple, la politique budgétaire et fiscale.

On doit constater que les autorités européennes ne respectent pas les règles de *policy mix*, ce qui contribue à l'inefficacité et aux effets contre-productifs des politiques menées dans la zone euro. En effet, la politique monétaire de la BCE est affectée en priorité à la lutte contre l'inflation. Or, comme on l'a indiqué plus haut, les causes de la hausse récente des prix ne sont pas monétaires, mais sont liées au dysfonctionnement des appareils de production (pénuries, désorganisation des chaînes de valeur) et du système énergétique (inflation importée, avec en toile de fond la baisse des gains de productivité du travail). L'expérience française récente suggère que l'instrument de politique économique le plus efficace face à l'inflation est la politique budgétaire et fiscale (notamment le bouclier tarifaire) pour endiguer la hausse des prix.

---

10. Esther Jeffers et Dominique Plihon, « Quel «policy mix vert» pour la transition écologique ? », *Revue française d'économie,* à paraître, 2023.

Sur le plan institutionnel, plusieurs solutions sont envisageables pour gouverner le *policy mix* vert afin d'assurer la cohérence des politiques économiques face aux objectifs de la stabilité économique et financière d'une part, et de la bifurcation écologique d'autre part. En France, le Haut conseil pour le climat, instance indépendante créée en 2018 et placée sous l'autorité du Premier ministre, pourrait évaluer la cohérence des politiques économiques face à l'impératif climatique. La planification est l'outil le plus approprié pour assurer la coordination globale des politiques publiques autour des objectifs de la transition écologique à un horizon de moyen et long terme. La France a connu une expérience de planification indicative dans l'après-guerre qui a joué un rôle important pour la reconstruction de l'économie nationale, avec la participation des acteurs de la société sous l'égide de l'État. On peut penser que l'un des défis de cette première moitié du XXIe siècle est du même ordre : reconstruire les systèmes productif et énergétique, afin de les décarboner, en mobilisant les politiques publiques et les acteurs économiques et sociaux.

2) Revoir la gouvernance de la BCE pour en assurer le contrôle social

L'élargissement du mandat des banques centrales et les responsabilités nouvelles qui leur ont été assignées, notamment dans le domaine de la stabilité financière à la suite de la crise financière de 2007, nécessite une évolution de leur statut et de leurs relations avec les élus et les parties prenantes de la société.

La BCE est gouvernée par des instances de direction dont la principale est le Directoire, composées majoritairement de personnalités proches des milieux de la finance, le plus souvent d'anciens banquiers ou financiers. Or, le nouveau mandat des banques centrales en matière de stabilité financière est incompatible avec cette composition. Car c'est une source potentielle de conflits d'intérêts, propice à la capture des régulateurs par les intérêts financiers, de sorte que leur indépendance vis-à-vis de la finance devient cruciale[11].

Il est clair également qu'un changement de politique de la BCE, donnant la priorité aux impératifs écologiques et sociaux, passe par une modification de la gouvernance et de ces instances, avec un élargissement de celles-ci aux élus et aux parties prenantes de la société.

Mettre la politique monétaire au service de l'intérêt général nécessite de reconsidérer les modalités de l'indépendance des banques centrales, en distinguant leur autonomie opérationnelle de leur indépendance politique. Le partage des responsabilités doit être clair : les autorités politiques et les élus fixent les priorités et les objectifs poursuivis ; et il revient à la banque centrale de décider de l'instrument qu'elle juge le plus approprié pour atteindre les objectifs de politique monétaire, à condition qu'elle rende compte de son action auprès d'instances démocratiquement élues. Les cas du Royaume-Uni et des États-Unis sont intéressants à cet égard, les élus fixant l'objectif d'inflation de la banque centrale,

11. Emmanuel Carré et Élise Demange, « Le revolving door des banques centrales », *Revue d'économie financière*, 2017.

cette dernière étant libre de choisir les modalités de son action pour atteindre cet objectif. Dans l'UE, la limite des 2 % d'inflation dans la zone euro est par exemple une décision arbitraire de la BCE.

3) Lever les obstacles politiques et institutionnels européens

Les traités européens et leur logiciel néolibéral sont un frein à une véritable réforme des politiques économiques et monétaires. Il est nécessaire de réformer non seulement la politique monétaire et prudentielle, mais également les règles budgétaires, à commencer par les limites de 3 % et 60 % du PIB imposées respectivement aux déficits et aux dettes publics par le Pacte budgétaire. Suspendues provisoirement à la suite des crises financière et sanitaire, ces règles apparaissent aujourd'hui encore plus anachroniques face à l'ampleur des besoins d'investissements publics nécessaires à la mise en œuvre de la bifurcation écologique.

Étant obligée de reconnaître que les règles du Pacte budgétaire sont inapplicables, la Commission européenne propose, dans son projet de nouveau cadre budgétaire, de remplacer le critère de convergence uniforme de 60 % de dette sur PIB, impossible à mettre en pratique, par un critère différencié par pays, tenant compte de la conjoncture et de la soutenabilité des dettes publiques nationales. Cet abandon des règles budgétaires rigides est un progrès, mais il est insuffisant.

En l'état, ce que nous propose la Commission revient simplement à changer quelques paramètres du système en place : ni la règle des 3 % ni celle des

60 % du PIB ne sont abandonnées. De plus, la notion de « solde primaire structurel » reste l'élément qui pilote la trajectoire d'ajustement. Rappelons qu'il s'agit d'une construction statistique censée mesurer l'excédent ou le déficit budgétaire d'un pays indépendamment de la conjoncture économique. Son évaluation dépend donc totalement des hypothèses, en matière de « croissance potentielle », hypothèses par nature fragiles et différentes selon les institutions qui le calculent. Ainsi, un indicateur statistique calculé par la Commission, basé sur des conjonctures discutables et incertaines, reste le critère majeur d'appréciation du budget des pays européens.

D'autres changements sont nécessaires, comme l'instauration de nouvelles règles qui excluraient les investissements publics pour le climat du calcul du déficit public[12], ainsi que la possibilité d'un financement monétaire par la BCE des investissements publics stratégiques. Cela poserait les bases d'un véritable *policy mix* vert, articulant les politiques budgétaire et monétaire.

12. Zvolt Darvas et Guntram Wolff, « A green fiscal pact : climate investment in times of budget consolidation », Policy Contribution, Bruegel, 2021.

Conclusion

S'il est avéré que la politique monétaire des banques centrales a toujours épousé les évolutions et les contradictions du capitalisme, on peut penser que la politique monétaire connaîtra encore des infléchissements. À ce stade, plusieurs choix seront déterminants :

- La BCE poursuivra-t-elle une stratégie de « neutralité de marché », c'est-à-dire de refinancement des banques sans tenir compte de la qualité sociale et environnementale des crédits que celles-ci auront accordés, ou bien soumettra-t-elle les titres apportés au refinancement à des critères de qualité ?

- La BCE appliquera-t-elle cette « neutralité de marché » aux États, comme si l'absence d'union budgétaire n'était pas problématique, ou bien le mécanisme anti-fragmentation de la zone euro dont elle a décidé le principe permettra-t-il de réduire les écarts (*spreads*) de taux d'intérêt entre États ?

- La BCE restera-t-elle interdite de prêter aux États, ou bien pourra-t-elle être leur prêteur en dernier ressort, et si nécessaire autorisée à financer directement par création de monnaie centrale les investissements publics ?

- La BCE restera-t-elle fixée sur un objectif exclusif de stabilité monétaire et financière garantissant la rente financière ou bien intégrera-t-elle des objectifs de transformations qualitatives du système productif et d'amélioration de l'emploi ?

- À l'échelle mondiale, la FED laissera-t-elle affluer les devises aux États-Unis, aggravant les difficultés de financement des pays pauvres et émergents, ou bien acceptera-t-elle un *modus vivendi* pour jeter les bases d'un nouveau Bretton Woods ? [1]

Les traités européens et leur logiciel néolibéral sont un frein à une véritable réforme des politiques économiques et monétaires. Il est nécessaire de réformer non seulement la politique monétaire et prudentielle, mais également les règles budgétaires, à commencer par les limites de 3 % et 60 % du PIB, imposées respectivement aux déficits et aux dettes publics par le Pacte budgétaire. Suspendues provisoirement à la suite des crises financière et sanitaire, ces règles apparaissent aujourd'hui encore plus anachroniques face à l'ampleur des investissements publics nécessaires à la mise en œuvre de la bifurcation écologique.

Étant obligée de reconnaître que les règles du Pacte budgétaire sont inapplicables, la Commission

1. Compléments sur : Les Économistes atterrés, *La monnaie, un enjeu politique*, Paris, Seuil, 2018.
Jean-Marie Harribey, Pierre Khalfa et Jacques Rigaudiat, *Quoi qu'il en coûte, Sortir la dette des griffes de la finance*, Paris, Textuel, Fondation Copernic, 2022.
Dominique Plihon, *La monnaie et ses mécanismes,* Paris, La Découverte, Repères, 2022.

européenne propose, dans son projet de nouveau cadre budgétaire, de remplacer le critère de convergence uniforme limitant la dette publique à 60 % du PIB, impossible à mettre en pratique, par un critère différencié par pays, tenant compte de la conjoncture et de la soutenabilité des dettes publiques nationales. Elle propose aussi de revoir le calcul du déficit budgétaire en y enlevant la charge des intérêts de la dette et les dépenses d'indemnisation du chômage, ce qui redonnera un peu d'air aux États et élargira la possibilité de réponses budgétaires contracycliques en cas de choc économique.

Ces quelques avancées pourraient être saluées si elles permettaient de modifier la logique qui a prévalu jusqu'à présent. Si l'inefficacité des politiques européennes face aux crises (économique, financière, sanitaire et écologique) a forcé les institutions européennes et les gouvernements à infléchir leur position, cela n'a pas été suffisant pour les contraindre à abandonner le logiciel néolibéral. Il convient de créer un rapport de force politique pour promouvoir une véritable refondation des politiques économiques et monétaires européennes, cohérente avec les impératifs de la bifurcation écologique et sociale. Il existe trois leviers sur lesquels s'appuyer pour imposer les réformes.

Amplifier les avancées liées aux crises récentes

Nous l'avons vu, la crise financière, puis la crise sanitaire ainsi que le caractère de plus en plus évident de la catastrophe écologique, ont obligé les institutions européennes à une remise en cause partielle des dogmes néolibéraux. Il est important désormais d'« enfoncer le coin » pour ouvrir ces brèches.

Ainsi, le timide virage écologique affiché par la BCE doit amener celle-ci à abandonner complètement le dogme de sa neutralité par rapport aux marchés. Par ailleurs, la reconnaissance de l'impératif climatique affiché par les autorités européennes dans le *Green Deal* (Pacte vert) européen, lancé en 2019, doit permettre à la BCE et aux banques publiques d'utiliser leur pouvoir de création monétaire, en s'appuyant sur les dispositions du Traité sur le fonctionnement de l'Union européenne (TFUE) pour assurer le financement des investissements climatiques que les marchés financiers et la « finance verte » sont incapables de réaliser.

Construire des mobilisations sociales et citoyennes pour imposer les réformes

Face à la connivence entre les autorités publiques européennes et les lobbys, il est nécessaire d'inverser les rapports de force. Les mobilisations sociales et citoyennes ont un rôle stratégique de contre-pouvoir. Ces mobilisations ont déjà contribué à des avancées récentes : ainsi en est-il de l'évolution de la BCE sur la question écologique, obtenue à la suite de la mise en évidence par des ONG de son financement des énergies fossiles ou de la bataille pour le retrait de la Charte de l'énergie. Il est essentiel d'amplifier ces mobilisations face à l'urgence climatique.

Désobéir aux traités et les remettre en cause

Lorsque cela les arrange, les gouvernements n'ont pas hésité à enfreindre les traités à de nombreuses reprises. Comme on l'a vu, cela a été aussi le cas de la BCE elle-même pour empêcher l'éclatement de la zone euro. Les crises ont montré que les règles européennes sont inapplicables et dangereuses. La bifurcation écologique et sociale implique une rupture avec les traités car ceux-ci constituent le socle institutionnel du néolibéralisme et un frein à toute réforme radicale des politiques européennes. Il est important de convaincre les forces politiques de gauche et de l'écologie politique que tout programme de gouvernement progressiste passe par une désobéissance aux traités européens destinée à imposer leur reformulation en cohérence avec les impératifs écologiques et sociaux. C'est devenu aujourd'hui une urgence.

Les auteurs

Jean-Marie Harribey est ancien maître de conférences en économie à l'Université de Bordeaux, membre de la Fondation Copernic, d'Attac et des Économistes atterrés.

Esther Jeffers est professeure d'économie à l'Université de Picardie, membre des Économistes atterrés et d'Attac.

Pierre Khalfa est économiste, membre de la Fondation Copernic et d'Attac, il a été membre du Conseil économique, social et environnemental.

Dominique Plihon est économiste, professeur émérite à l'Université Sorbonne Paris Nord, membre d'Attac et des Économistes atterrés.

Nicolas Thirion est économiste issu de l'EHESS, syndicaliste avec des mandats de direction, membre de la Fondation Copernic et d'Attac.

Table des matières

Imprimé en France - R_49015 - février 2023 - 14110 Condé-sur-Noireau
RapidBook, une marque du Groupe Corlet Imprimeur